Eu no mundo

A história de uma garota de Betim, que saiu pelo mundo, comendo, rezando, amando e falando, à procura da felicidade. Teve uma vida de cinema, descobriu que nem tudo que brilha é ouro. Cruzou o oceano para tentar se encontrar. No silêncio encontrou respostas... mas, como já disseram, quando você tem respostas, a vida costuma fazer outras perguntas.

INGRID VIEIRA

EU NO MUNDO

Revisão: Sandra Palla

Ilustrações, Capa e Diagramação: Nara Campos

Foto: Rafaela Rossignoli

ISBN: 978-65-00-01288-0

SOBRE A AUTORA

Ingrid Vieira é *coach*, escritora, formadora e palestrante, criadora de "Me in the World", um projeto de motivação e desenvolvimento pessoal com vídeos gratuitos no *YouTube*, *workshops*, experiências e sessões individuais de *coaching*.

Acompanha as pessoas em seus processos de autoconsciência e desenvolvimento de sua identidade, encontrando o significado de felicidade para cada um.

No Brasil, foi gerente de marketing da 20th Century Fox, gerente de pesquisa em grandes agências de publicidade, como DraftFCB e Cheil, analista de pesquisa do Ibope (Instituto Brasileiro de Opinião Pública e Estatística), analista de marketing no grupo Associados Minas e na Sempre Editora. Foi diretora de marketing na start-up espanhola Biwel, e agente de viagens no Airbnb, na Espanha. Foi atriz, palhaça, figurante. Esteve em 44 países, até o momento...

Mineira, brasileira, uma eterna aprendiz do mundo, vivendo em Barcelona desde 2014 e cada dia mais apaixonada pela vida.

Mais informação: www.meintheworld.net

EU NO MUNDO

DEDICATÓRIA

À minha amada mãe Iolanda, que me ensinou a ser forte e a fazer tudo com amor.

Ao meu amado pai Jorge, que me ensinou a ser humilde e me ensina a viver intensamente a vida.

À minha amada avó Maria José, que dizia que eu poderia ser feliz em qualquer lugar do mundo. Ela estava certa.

Minha eterna gratidão!

EU NO MUNDO

NOTA DA AUTORA

Eu tinha 28 anos quando minha melhor amiga me introduziu ao mundo de "Comer, Rezar, Amar", livro da autora Elizabeth Gilbert, que teve grande influência na minha vida.

Na contracapa dizia "Eu não quero estar casada" e, quando eu olhei para o lado, lá estava o meu então marido, que se parecia com o ator Danny Devito (naquela época eu acreditava muito na beleza interior). Pra falar a verdade, aquele relacionamento tinha quase nenhuma beleza...

Era 2008, em São José dos Campos, Brasil. Naquela época, eu levava em média três horas para chegar ao trabalho (incluindo na volta dois metrôs, dois trens e um ônibus), tempo suficiente para ler e escutar meus pensamentos.

O livro "Comer, rezar, amar" me fez olhar para mim mesma, ouvir meus sentimentos, fazer meus sonhos se tornarem realidade. Então me divorciei; viajei sozinha por treze dias para Nova York; fiz uma tatuagem; comecei a praticar ioga; mudei de trabalho; viajei à Europa; comprei um apartamento; fui despedida; encontrei o trabalho dos sonhos, que se tornou um pesadelo; pedi demissão; me mudei para Barcelona; mudei minha carreira profissional, com novas perspectivas; comecei a ser mais útil para as pessoas, comecei a escutar com meu coração; descobri que não importava o tanto de gente que eu tinha ao meu redor, nem onde eu estivesse. Tudo sempre foi sobre eu no mundo. Em mim existia um pensamento recorrente sobre ser grata pela vida, pelos amigos, pela família, pela saúde, pelo amor. Comecei a buscar minha autenticidade, quem sou eu de verdade, minha melhor versão, ser melhor para mim, para os outros, para o universo. Comecei a me amar mais.

Comprei uma passagem para a Tailândia, o silêncio já andava me sondando há algum tempo... e escutando-o, lá fui eu, comendo menos, rezando mais, e amando incondicionalmente...

Para escrever este livro, baseei-me em lembranças, especialmente na parte sobre o retiro de silêncio (já que a recomendação era não escrever nada) e em consultas a algumas pessoas que estiveram lá. Alguns nomes foram trocados, não todos, visando a preservar o anonimato. Talvez os horários das atividades não sejam exatamente os que eu descreva, nem a ordem dos dias. No fim, o importante é a experiência como um todo.

O retiro em questão foi budista, no estilo vipassana. Com meditação e respiração como forma de treinar e cultivar a mente, desenvolver a concentração e a atenção plena. Não sou budista, não sou católica (frequentei igreja, fui batizada, fiz primeira comunhão, crisma, casei na igreja), não sou ateia, não sou evangélica.

Sou apenas eu, parte de um todo.

E espero que Eu no Mundo lhe ajude a ser cada dia mais você, mais autêntico/autêntica, mais livre, mais pleno/plena e mais feliz. Não por ser um livro de autoajuda como muitos outros, não por ser um guia de "como fazer". É apenas o registro da minha história de transformação, e acredito que estamos neste mundo para evoluir e sermos a melhor versão de nós mesmos - o que inclui aceitar quem somos, aqui e agora, com nossas luzes e nossas sombras. E, se eu posso, você também pode!

SUMÁRIO

1

DE ONDE EU VIM?

1.1 Filha de quem?

Eu já não vivo em Minas Gerais há muitos anos, desde 2006 para ser mais exata, mas, de alguma forma, Minas Gerais sempre viverá em mim, foi onde eu nasci, e o meu sotaque não nega.

Se tenho algum conceito sobre karma nesta vida, é que a única coisa que não podemos mudar são as condições em que chegamos neste mundo - a cidade onde nascemos, nossos pais e só. Para todo o resto, somos cocriadores. Podemos escolher o tempo todo se queremos evoluir ou não. O resto é consequência dessa escolha.

Em Minas Gerais, falamos que o dilema do ser humano é saber de onde viemos, onde estamos e para onde vamos. No bom sotaque mineirês, "doncovim, oncotô e proncovô?".

Por mais que essas questões estivessem presentes aí, até os 33 anos eu nunca tinha parado para me escutar, questionar efetivamente a realidade que eu estava vivendo e me perguntar o que eu queria da minha vida.

Minhas lembranças de infância se misturam um pouco com as histórias que escutei sobre mim. Dizem que, quando eu tinha quatro anos, no primeiro dia de aula, a criançada chorando ali, e eu falei para um menino e falo: aqui é lugar de estudar, não de chorar! O menino engoliu o choro. Não me lembro desse dia, nem de como me senti, mas, contando, agora, tenho a sensação de que minha personalidade já estava se apresentando aí (e personalidade no sentido da máscara que colocamos para sobreviver em sociedade e que esconde nossa essência).

Venho de uma família de mulheres fortes. Minha avó, alagoana, filha de coronel, de repente se viu sozinha, com três filhos, dois pequenos e um na barriga, arregaçou as mangas e não deixou a peteca cair. Fez o seu melhor. O que podia, com os recursos que tinha.

Quando eu tinha oito anos, meus pais se separaram. Morávamos em Betim, Minas Gerais, e menos de um ano antes fomos para Maceió, cidade de origem de minha mãe, para começar uma vida nova. Lembro-me de uma conversa com meu pai. Eu o chamei no quarto e disse que a ideia de mudarmos de cidade seria para ele ter mais tempo com a gente, e isso na prática não estava acontecendo. Ele saiu chorando. Uma semana depois foi meu aniversário. No dia seguinte, entrei sozinha em um avião e voltei para Minas Gerais, para a casa de minha avó. Eu não sabia, meus pais estavam se separando. Meses depois, chegaram minha mãe e meu irmão.

Minha mãe, outra mulher forte, segurou uma barra sozinha.

Minha mãe é uma médica conhecida na cidade e durante muito tempo eu era reconhecida como "a filha da doutora". Eu tinha uma preocupação do que as pessoas iriam pensar e então me comportava bem.

Uma vez, aos 19 anos, tinha um namorado, com quem fui a um hotel-fazenda a uns 60km de minha casa. As pessoas "não podiam saber" que a gente transava. O que iriam pensar? Estava na sauna e, no meio da fumaça, surge uma voz "você é filha da Dra. Iolanda, verdade?". Eu pensando que estava "camuflada", que ninguém saberia o que eu estava fazendo, leia-se "viajar com o namorado e fazer sexo eventualmente", respondi: "sim, mas não me lembro de você, nos conhecemos?". E ela: "não, mas sou paciente dela e tem sua foto na parede".

Liguei imediatamente para minha mãe com o coração acelerado e com medo de ser notícia no outro dia no jornal da cidade.

Eu achava que tinha que ser uma boa pessoa e uma mulher forte também.

1.2 Plástico dourado

Com este pensamento "preciso me comportar bem, o que será que as pessoas vão pensar", inconscientemente eu estava buscando amor, carinho, afeto, reconhecimento.

E minhas decisões foram, de uma forma ou de outra, guiadas pelo espelho social, o que as pessoas esperavam de mim (pelo menos no meu mapa mental era assim que funcionava).

Dos 11 aos 16 anos, fui palhaça e atriz em um grupo de teatro. Aos 17, quando chegou a época de decidir o que fazer na faculdade, nem considerei seguir a carreira artística – "como faria para viver?". Lembro-me do meu diretor que, na época, não tinha carro nem usava calça jeans; na minha cabeça limitada, eu não saberia viver sem esses dois itens. Hoje sei que isso tem um nome: liberdade.

Sabia que queria trabalhar com gente e de maneira criativa. Na entrevista vocacional, descartei medicina, por não gostar de sangue; descartei psicologia, porque achava que ficaria entediada escutando uma pessoa (e hoje sou *coach*, a vida dá voltas maravilhosas) e escolhi comunicação, publicidade mais especificamente, pois tinha criatividade + gente + glamour. Parecia perfeito.

Em nenhum momento pensei em trabalhar por conta própria. Não me lembro de escutar na faculdade sobre essa possibilidade. Ok, estamos no ano 1998, muita coisa mudou de lá pra cá.

Trabalhei em um jornal, fiz carreira em um grupo de comunicação -estagiária, trainee, analista. Queria trabalhar com gente, mas o dia a dia era analisando números, atrás do computador. Eu me descrevia como uma analista que entendia as motivações das pessoas.

Aos 26 anos, achava que estava bem para o que esperavam de mim. Tinha um bom trabalho, um carro, uma pós-graduação, um apartamento. O que faltava para ser feliz? Um marido.

Tinha tido quatro namoros até então e sempre namorava para casar. Era meu objetivo de vida. Minhas amigas estavam casadas. Meu irmão estava casado e com filhos. E eu?

Abro parêntese: a história do meu casamento merece um livro à parte. Vou tentar resumir em algumas linhas. Com quinze dias de namoro, meu namorado me pediu em casamento. Ele era dezoito anos mais velho que eu e era meu amigo havia cinco anos. Eu me senti a mulher mais feliz do mundo por ter sido escolhida por alguém (autoestima, *hello*???, cadê você?). Cinco meses depois, eu estava: pedindo demissão da empresa onde trabalhava há seis anos (desmotivação profissional + motivação pessoal, essa foi a minha matemática); comprando apartamento; casando-me no cartório e indo morar em São José dos Campos, cidade a 600km de onde eu vivia até então..

Um ano mais tarde, eu estava realizando o sonho de entrar de branco na igreja. E foi o dia mais feliz para a minha avó, pois fui a primeira neta a se casar. Na minha cabeça, eu tinha de me casar. Assim como na faculdade não me falaram que eu podia trabalhar por conta própria, na vida pessoal, mesmo vendo vários exemplos de casamentos não felizes, dentro da minha casa inclusive, não conseguia imaginar uma vida feliz sendo solteira.

No dia seguinte ao casamento, decidi me separar. Se há uma coisa que eu não abro mão é caráter, e as atitudes do então marido, para mim, não tinham justificativa. Seis meses depois me separei.

O álbum de casamento chegou depois do divórcio.

O álbum que ninguém viu...

Fecho parêntese.

Profissionalmente, em São José dos Campos tive minha primeira experiência como empreendedora: abri uma empresa de consultoria, prestava assessoria para agência de publicidade, para um canal de televisão, dei aula, fiz anúncios de publicidade. Foi um ano de muito aprendizado. Foi uma experiência assim... qualquer coisa menos fácil!

E São Paulo me chamou (não o Santo, a cidade). Uma história que eu adoro contar: meu ex-estagiário foi meu gerente. Sim, o mundo dá voltas maravilhosas. Roberto tinha sido meu estagiário quando trabalhei na TV Alterosa, em Belo Horizonte, em 2003. Em 2007 me chamou para trabalhar com ele Roberto estava indo para São Paulo assumir a gerência de Pesquisa e Mídia em uma grande agência. Ele disse ter pensado assim: "quem melhor para trabalhar comigo do que quem me ensinou?". Anos depois, fui sua madrinha de casamento.

E trabalhei em outra agência depois, tive uma passagem rápida em um instituto de pesquisa e cheguei àquele que era o meu trabalho dos sonhos: Gerente de Marketing em uma grande distribuidora de filmes.

Eu adorava o que eu fazia: ver filmes com meses de antecedência, definir os títulos, estar a um elo de tanta gente famosa, pensar nas estratégias nunca feitas, *"never done before"*, para os lançamentos. Pré-estreias eram minha rotina, e ainda podia ver filme de graça com direito a acompanhante. Viajei pela primeira vez (e única até o momento) em primeira classe, ganhava bem.

Eu não gostava do que isso me custava: meu sono (dormia pouco), minha saúde (paradoxalmente, tomava remédio para dormir, 10 gotinhas de Rivotril, minha cabeça não parava pensando nos 300 e-mails não lidos na caixa de entrada).

Não sei dizer o número de vezes em que fui para o trabalho chorando, com um nó no estômago (Omeprazol era como água, tomava todos os dias e acreditava ser a coisa mais normal do mundo e, como minha mãe é gastroenterologista, eu achava um "vantajão" ter amostras grátis). Meu pai brincava que eu deveria comprar um furgão e morar nele, no prédio da empresa, pois o pouco tempo que passava em casa não justificava ter uma.

Uma amiga me deu uma dica que usava com frequência: dirigir com uma mão no teto do carro. Para quê? Para quando eu "pescasse" de tanto sono, a mão caísse no meu rosto, e eu acordasse e não batesse o carro. Isso deve ter me salvado algumas vezes.

No primeiro dia de trabalho, eu nem sabia qual era meu e-mail, mas, aparentemente, em Los Angeles e no México já sabiam e já tinha gente esperando minha resposta sobre assuntos que não tinha nem noção. Achei isso muito chique, eu me achava importante!

Alguns e-mails falavam que precisavam da resposta EOD. Eu não sabia o que significava isso. Fui procurar no Google – *End of the day* – até o fim do dia. Mas nem sempre o fim do dia em Los Angeles era o fim do dia em São Paulo. Às vezes o meu dia estava terminando, lá pelas oito horas da noite, e chegava um e-mail EOD. Eram duas da tarde lá, na teoria eu tinha muito tempo para fazer. E ficava até meia-noite, uma, duas...

A vida é sábia e, quando não escutamos o que ela está nos dizendo, o que ela faz? Aumenta o volume.

Os e-mails que antes chegavam com EOD passaram a chegar com *"within the hour"*. Ou seja, tinham de ser respondidos dentro daquela hora – se recebi às 18h15, a resposta tinha de sair até as 19h. Só que às vezes eu estava em reunião, às vezes eu estava lendo e resolvendo os 299 e-mails que tinham chegado antes, às vezes eu estava fazendo xixi. Só sei que, às vezes, às 19h01 chegava um e-mail dizendo que todos os países tinham respondido, menos o Brasil.

Eu me sentia a mais incompetente de todas as gerentes de marketing do mundo – o que me fazia sentir uma profissional medíocre, o que me fazia sentir uma pessoa medíocre.

A vida pessoal, por falar nisso, estava uma beleza, só que não. Nos fins de semana, eu queria ver filmes dublados, dos quais eu já sabia o fim pela televisão. Não queria pensar em nada. Praticava ioga umas duas vezes por semana, o que também deve ter me salvado algumas vezes de um surto.

Um dia fui a um *speed-dating*, foi a maneira prática que achei para conhecer alguém, com o pouco tempo que tinha para mim. Paguei 80 reais, conheci 19 homens, falei quatro minutos com cada um. Uma experiência antropológica. Detalhes: cheguei atrasada;

falei com o George, que trabalhava comigo, que precisava sair "mais cedo", por volta das 20h30; ele me ajudou com as urgências, pois eu precisava resolver algo muito importante, conhecido como "minha vida pessoal".

O bom de ter chegado atrasada é que percebi que havia um canal de televisão gravando um programa com os participantes. Oi??? Nesse momento, eu era a filha da doutora e a gerente de marketing e só queria conhecer alguém para namorar, não queria aparecer em rede nacional como "mulher carente procura". Mas era assim que eu me sentia.

Carente, vazia, triste. Se olhassem minha vida do lado de fora tudo parecia muito bem, tinha um trabalho que milhares de pessoas gostariam de ter, estava pagando meu segundo apartamento, tinha carro, viajava...

Uma vez vi uma entrevista com o ator Ricardo Darín, que havia se recusado a fazer um filme em Hollywood. Se um dia eu o encontrar, vou agradecer-lhe.

Reproduzo aqui a entrevista:

Ricardo Darín entrevistado por Alejandro Fantino em Animales Sueltos.

AF: É verdade que você recusou uma proposta para filmar em Hollywood com Tarantino?

RD: Sim. Claro.

AF: Por quê?

RD: Porque me ofereceram o papel principal, mas tinha que interpretar um traficante mexicano, e eu perguntei a seu produtor por que os mexicanos tinham que continuar fazendo traficantes se os que mais consomem a nível global são os *yankees*.

AF: E o que ele respondeu?

RD: Bom, a resposta que ele me deu me incomodou tanto. Me disse: "então é uma questão de dinheiro, diga quanto mais você quer que nós pagamos, você diz quanto." Quer dizer, não podem chegar a ver nem compreender que temos valores além do dinheiro. Entende?

AF: Mmm, na verdade não.

RD: Como não? Ale, você é um cara bacana, tem que compreender o que eu digo.

AF: Mas podia ter ganhado mais dinheiro.

RD: Mais dinheiro? Ser milionário? E para quê?

AF: Como para quê? Para ser feliz.

RD: Feliz com mais dinheiro? Do que está falando?

AF: Todos nós queremos ter mais dinheiro e ser mais felizes.

RD: Ale, eu tenho dinheiro, tenho um carro chique importado. Tomo café da manhã, almoço e janto o que eu quero e posso tomar dois banhos quentes por dia. Você tem ideia de quantas pessoas no mundo podem tomar dois banhos quentes por dia? Muito pouca gente pode desfrutar desse prazer. E, como não me considero um excelente ator, sempre digo que para mim foi pura sorte, me entende? Nesse mundo capitalista selvagem eu sou um cara de muitíssima sorte. Sou um privilegiado entre milhões de pessoas, e além disso tenho a sorte de ver isso em mim, que me permite ter uma boa conta bancária e acreditar nisso. Eu posso me ver de fora e me digo: que puta sorte você teve!

AF: Mas se tivesse filmado em Hollywood, não pode negar que de Tarantino estaria a um passo do Oscar.

RD: Acho que não estou me explicando bem. Eu já estive em uma cerimônia do Oscar e não gostei, tudo é plástico dourado, até as relações entre as pessoas. Fui lá, passei um bom momento, aproveitei, mas esse mundo não é o meu, não é o que eu escolhi nessa vida.

AF: Você realmente me assusta, Ricardo, achava que você era mais realista, com os pés mais no chão.

RD: Olha que coincidência! Eu achava que você também.

Tudo ficou mais claro para mim quando me perguntei o "para quê?". Uma voz dentro de mim me dizia superalto: "se você continuar nessa vida não chegará aos 35 anos. Em sua lápide estará: aqui jaz a mais rica do cemitério".

Não era para ficar mais rica, não era para ir para Hollywood. Era para ser feliz. Eu estou neste mundo para ser feliz. Eu não queria mais uma vida de plástico dourado.

Íamos lançar o filme "A Vida Secreta de Walter Mitty" e o slogan da campanha era "Pare de sonhar. Comece a viver".

O universo outra vez estava falando comigo. E desta vez eu escutei.

1.3 *Me in the world*

Em agosto de 2013, fiz uma viagem com duas amigas à Turquia. No último dia, em um momento que eu chamo de "globalização", esta brasileira conheceu em Istambul um italiano que mora em Barcelona. Falaremos depois sobre isso.

Depois fui sozinha à Grécia. Cheguei num domingo, e a cidade estava super vazia. Faria um cruzeiro pelas ilhas durante a semana e pensei que não queria ficar sozinha no outro fim de semana em Atenas. Comecei a buscar excursão pra fazer e, assim, decidi ir para a Delfos e Meteora.

Eu, que amo filmes, em viagens sempre gosto de saber se algum filme foi gravado na cidade, para procurar conhecer as locações. Vi que em Delfos havia sido gravado "Falando Grego", uma comédia romântica em que a guia se apaixona pelo motorista do ônibus. Foi com essa informação que fui para lá (e até tirei foto do motorista que me levou; ele era gatinho).

Chegando lá, não sabia que minha transformação estaria começando. O oráculo de Delfos, que os gregos consideravam "umbigo do mundo", era o lugar onde as pessoas iam em busca de orientação para suas decisões. E a resposta basicamente era uma: "Conhece-te a ti mesmo".

Devo cortar o cabelo? Conhece-te a ti mesmo. Continuo nessa relação? Conhece-te a ti mesmo. Como mais um pedaço de pizza? Conhece-te a ti mesmo.

Conhece-te a ti mesmo.

Conhece-te a ti mesmo.

Conhece-te a ti mesmo.

Nessa noite praticamente não dormi. Fazia uns 35 graus. Estava em um hotel sem ar condicionado, ao fundo um som de uma festa e, na minha cabeça, a frase que mudou minha vida: conhece-te a ti mesmo.

No outro dia fui visitar Meteora. Um lugar mágico com monastérios no alto de penhascos. Lá em cima eu senti uma paz tão grande! Ali me dei conta de que eu nunca tinha me perguntado o que era importante para mim, o que eu realmente queria da vida, quais eram os meus valores. Eu me dei conta de que, independente do que e como fosse, eu queria aquela paz.

No dia seguinte fui a Malta visitar uma amiga. Em um momento "Eureka", enquanto ela cozinhava um risoto e tocava a música "Girl on Fire", de Alicia Keys, eu disse: não sei onde, nem fazendo o que, mas vou viver na Europa.

Tinha mais dez dias de férias e decidi que não queria passar meu aniversário, em fevereiro, no Brasil. E pensei: vou para Barcelona (tchrannn, momento globalização)... Era uma cidade que eu já conhecia e queria voltar lá. Comprei a passagem assim que cheguei ao Brasil.

Mal sabia que ia continuar falando com o italiano e que ele me chamaria em novembro para ir a Barcelona (mal sabia ele que eu já iria de qualquer maneira; o universo estava me chamando).

Passei dez dias em Barcelona e me apaixonei. Pela cidade. Se tudo acontece por uma razão, digo que o italiano entrou na minha vida para colocar Barcelona no meu radar.

Procurei um curso para ter um visto de um ano. Na faculdade falei que estava procurando algo para ser mais independente profissionalmente. Nesse dia, o *Coaching* me encontrou. "Gestão, Inteligência Emocional e *Coaching*" era o nome do curso, primeira edição, a moça nem sabia explicar direito o conteúdo... E eu disse sim.

Mal sabia eu que estava começando uma relação de amor com a vida.

Uma das habilidades de *Coaching* é a escuta ativa, que começa pelo silêncio, um grande desconhecido meu naquela época. Pensava "uai, como eu moro sozinha, estou praticamente o dia inteiro em silêncio". Só que não. Quando eu tinha carro, sempre dirigia com o som ligado. Chegava em casa e ligava a televisão. As duas, da sala e do quarto. Dormia com a televisão ligada desde que me entendo por gente. Eu nunca estava em silêncio.

E decidi, do dia pra noite, parar de ver televisão. Nesse momento, acabou uma relação de anos. Eu e o silêncio começamos a passar bons momentos juntos.

Um dia, na casa de uma amiga, lembro que era dia 02/02 e comentei com ela que o número 2, 22, 222 estava aparecendo demais para mim nos últimos dias. Fui procurar no Google e vi que essa sequência traz à realidade sonhos impossíveis, capacidade de realizar projetos, equilíbrio entre material e espiritual. Caminhando pela rua, o nome *"me in the world"* falou alto e mais alto e mais alto. E eu entendi o meu propósito: continuar a conhecer a mim mesma, aprendendo a ser eu, e inspirar e motivar cada dia mais pessoas a fazerem o mesmo, para terem uma vida mais autêntica, mais livre, mais plena e mais feliz.

2

ONDE EU ESTOU?

2.1 Como a Tailândia entrou na minha vida?

Já há algum tempo, eu tenho permitido ao mundo se apresentar a mim. Quando eu tinha meus vinte e poucos anos, meu sonho era conhecer Espanha, França e Itália, e lá fui estudar espanhol, francês e italiano como uma forma de chegar mais perto daquele sonho.

Viajar sempre me encantou e, para mim, esse é o maior investimento que uma pessoa pode fazer.

Aos trinta e um anos conheci estes três países. Antes já tinha visitado alguns outros e venho aproveitando as oportunidades e criando algumas delas.

Um dia estava conversando com uma amiga que queria fazer uma viagem barata ao exterior, e eu queria ir a um lugar que ainda não conhecia. Pipocou um anúncio de promoção de passagem para Assunção; lá fomos nós passar um feriado no Paraguai.

Outra amiga iria fazer uma viagem de um mês na Europa; eu já estava morando em Barcelona. Seu último destino foi Amsterdã. E lá fui eu passar cinco dias incríveis buscando locações do filme "A Culpa é das Estrelas" e vivendo momentos divertidíssimos.

Esses são lugares incríveis, entre outros, que tive o prazer e a alegria de conhecer.

Um belo domingo de março de 2015, lá estava eu no metrô em Barcelona. Estava friozinho, mas eu queria sair de casa. Decidi ir caminhar na praia. Pego o metrô, linha verde, com roupa de academia, coque nada a ver. Enquanto estou escutando uma mensagem de uma amiga no *WhatsApp*, vejo que tem um cara gato, mas muito gato, que estava me olhando.

Ele carregava uma mala e uma mochila. Nós nos entreolhamos sei lá por quanto tempo. Ele desceu na estação Catalunha. E a gente se olhando...

Viro a cabeça e rio sozinha, quando tenho a sensação de que ele voltou pela outra porta. Fiquei com vergonha de olhar e pensei: "se ele tiver voltado, o que faço com essa informação?".

Desci na estação seguinte, Passeig de Gràcia, para fazer a conexão até Barceloneta. No corredor, que é gigante, sinto que tem uma pessoa me seguindo, sensação estranha. Tenho curiosidade de virar para trás, mas, de novo, se for ele, "o que faço com essa informação?".

Alguns passos mais e ouço o barulho de algo pesado caindo no chão. Quando viro, lá está ele, que havia jogado a mala exatamente com essa intenção.

Em cinco minutos de conversa: Juan, Costariquenho que morava em Buenos Aires, trabalha com animação em 3D e estava de mudança para Bangkok, na Tailândia. Passaria uns dias em Barcelona. Trocamos telefone e marcamos de encontrar no dia seguinte.

Eu tinha um cliente de *Coach* pela manhã e a tarde livre. Perfeito! Uma tarde inesquecível, caminhando pelo bairro Gótico, pela praia... Foco na informação que vou dar agora: o rapaz gato e interessante, que eu pensava ter uns 28, 30 anos, tinha 24. Onze menos que eu. E eu me permiti ter uma noite de encantos. Quando eu pergunto "o que vai fazer amanhã", ele responde: "vou para Bangkok. Mas não eram alguns dias aqui? Sim, ontem e hoje."

Então tá. Falamos algumas vezes por *WhatsApp*, uma curtida ou outra em uma foto nas redes sociais e nada mais.

Parêntese:

Sabe o silêncio, que eu tinha conhecido havia pouco tempo e estávamos passando ótimos momentos juntos? Então, ele queria passar cada vez mais tempo comigo e eu cada vez mais tempo com ele.

Pensei: "por que não fazer uma viagem juntos?". A gente podia se conhecer ainda melhor.

Pensei no caminho de Santiago de Compostela, li o livro "Diário de um mago", de Paulo Coelho. Mas o caminho não me chamou, não nesse momento.

Fecha parêntese.

Eu tinha um carro no Brasil. Umas duas semanas antes de conhecer Juan, meu pai teve um acidente com meu carro. Estavam ele e sua esposa, a qual se machucou com a força do impacto. Chorei duas horas compulsivamente pensando que eles podiam ter morrido; como tudo na vida passa em um segundo; hoje estamos, amanhã não; o que estou fazendo da minha vida...

O carro não existe mais. Perda total. Recebi o dinheiro do seguro e me dei de presente uma passagem para dali a quatro meses para Tailândia (Juan existiu para colocar Tailândia no meu mapa).

Engraçado, pois, nos meus planos de vida, com 35

anos eu conheceria a Índia, como no livro "Comer, rezar, amar". Mas a Índia ainda não me chamou. A Tailândia sim, de alguma forma, sutilmente, e tenho estado mais atenta aos sinais que o mundo me dá.

2.2 Não olhe para trás

17 de agosto de 2015. Malas prontas. Primeira vez que viajo de mochila, emprestada da minha amiga Sonia, viajante, como ela mesma se define. Ela já morou vários meses na Ásia. Ela também me emprestou um mapa de Bangkok, que não entendi nada.

Enquanto preparava a mochila, lembrei do filme "Livre" e do tanto de coisa que a gente carrega na vida sem necessidade. No começo, a mochila tinha duas cangas; duas sapatilhas; um vestidinho preto, porque vai que tem alguma oportunidade; remédio pra todos os tipos de doença. E a mochila foi ficando pesada, e eu tive de tirar e deixar só o essencial. Igual eu li muitos anos atrás, esse peso que a gente carrega é o peso dos nossos medos. E quantas vezes a gente sai pela vida carregando um tanto de coisa que faz a nossa caminhada ser mais difícil, mais pesada...

Resolvo enviar uma mensagem para Juan. Já fazia alguns meses que não nos falamos e não queria que ele ficasse com a obrigação de encontrar comigo.

Envio uma mensagem: "olá, tudo bem?", e ele

responde: "você viu o que aconteceu?". Não, não tinha visto. O pior ataque terrorista já ocorrido em Bangkok. Mais de cem feridos, mais de vinte mortos. Bate aquela sensação esquisita: medo, tristeza, ansiedade. O que estou indo fazer ali?

Juan me pergunta onde vou ficar e é, digamos, do lado de onde foi o atentado. Segundo ele, a região estava toda fechada e eu não chegaria. Solução: ir dormir na casa dele.

A viagem já começou me surpreendendo.

Bangkok é uma cidade barulhenta, a qual me lembrou muito São Paulo. Viadutos, carros, fotos do rei pela cidade (ok, São Paulo não tem foto de rei), um mundo desconhecido, em alta velocidade, e ao mesmo tempo tudo fluindo na ordem do caos.

Eu amo viajar, e viajar significa sair da zona de conforto. E o que é isso? É dormir em outras camas; é ver outros banheiros, com um chuveiro que você não sabe onde liga, onde esquenta; é falar outra língua; é comer uma comida que você não tem nem ideia do que é, escolher pela foto; é conhecer outras pessoas; conhecer outras culturas, outro mundo. E dar esse pulinho para fora da zona de conforto às vezes pode cansar, dar preguiça, dar *jetlag*. Mas isso é o maravilhoso da vida. Às vezes, a gente acha que a vida se reduz ao nosso mundinho, onde o meu olhar alcança. E não! Tem tanta coisa mais. Aí que a gente vê o quão pequenininho a gente é e o tanto que tem para aprender. E quantas vezes nos vemos apegados ao passado, que não nos pertence mais. Há um ditado que fala "o passado é uma referência, não uma residência".

Como você pode descobrir um mundo novo hoje? Não precisa ser viajando! Você pode descobrir novos mundos dormindo no outro lado da sua cama; pedindo outros pratos no restaurante que você sempre vai; conversando com outras pessoas. Tem muita coisa para ver.... A gente é só um grãozinho de areia. O mundo é grande!

Peguei um tuk-tuk para visitar alguns templos. A comunicação não foi tão clara com o "motorista", mas, pelo que entendi, entre um templo e outro, ele me levaria a alguma loja, e eu, para ajudá-lo, teria que ficar pelo menos dez minutos em cada uma. Seriam 6 templos. E lá fui eu, um templo, uma lojinha, um templo, uma lojinha, um templo, uma lojinha. Comprei um roupão de seda, por uns 20 reais. Saí alegrinha e fui para outro templo.

Quando saí, cadê o moço do tuk-tuk? Tipo, estava eu, sei lá onde eu estava no meio do mapa, com uma cara de inconformada, procurando o moço do tuk-tuk, até que chegou um moço numa mototáxi e falou: ele não vai voltar, vai embora, segue sua vida. E eu: Oi????? E ele seguia: pode ir embora, não olhe para trás.

Quando as coisas não acontecem do jeito que a gente espera, dá uma decepção, a gente não sabe o que fazer e às vezes fica até apegado. Por que isso aconteceu comigo?? Como vai ser daqui pra frente?? Nesse momento criei a "teoria do tuk-tuk": Não olhe para trás, segue, escolhe uma direção. Não deixe isso atrapalhar sua viagem, não deixe isso atrapalhar sua vida, seus planos. Se não aconteceu do jeito que estava previsto, é porque do jeito que virá será melhor ainda.

E assim é a vida.

No outro dia, fui pra Ayutthaya, uma cidade a 80km de Bangkok, que já foi capital da Tailândia. Mais tranquila, que era o que o meu corpo estava pedindo. Uma energia maravilhosa, onde me conectei com a fé, vendo aqueles templos em ruinas. Eu me lembrei de muuuitos anos atrás, quando eu morava em Betim e frequentava igreja. O Padre Luís Fernando, falando sobre o tema, disse que fé era o que ele tinha pela Dra. Iolanda, que é minha mãe e é médica. Ele sofria de diabetes e, sempre que ele ia consultar com ela, ele ia melhorar – ele acreditava naquilo. Achei interessante um padre usar um exemplo mundano pra explicar o que é fé. E esse pensamento, esse conceito sobre fé me acompanha desde então. Independente de religião, crença, fé é confiar, acreditar, é algo que move a gente, nos faz confiar nas pessoas, faz acreditar que o dia amanhã vai despertar. É uma opção: ter ou não ter. Confiar ou não confiar. Ter fé ou não ter fé. E para mim isso é indiscutível. Amanhã será melhor que hoje. Isso é uma fé cega, que é o que eu sinto e vejo acontecer. E quanto mais eu tenho fé nas pessoas, nas coisas, na natureza, o mundo fica mais perfeito, mais perto do que seria o paraíso. Eu não quero ter que chegar lá, sei lá onde é lá, para ter dias felizes. Tem que ser aqui, todo dia, com fé.

Na volta, eu estava no trem para pessoas do local, tipo muito barato, centavos, um pouco antigo, quase nenhum turista. Estou descobrindo como ser mais viajante e menos turista e usar os meios de transporte públicos, sem guias, sem excursões. É uma das melhores formas.

Acontece que a viagem, que duraria cerca de duas horas, já estava durando três. Começou a chover loucamente, dentro do trem inclusive. A cidade toda parada e o trem idem. Queria avisar o Juan que estava a caminho e sei lá a hora que chegaria. Só que estava sem internet. Vi um casal com dois filhos conversando em algum idioma e perguntei se falavam inglês. O moço respondeu que sim. Perguntei se tinham internet, pois eu queria enviar um *WhatsApp*. Eu tinha visto a mulher falando no *WhatsApp*... e ela balançou a cabeça dizendo que não. Andei no trem e vi uns quatro jovens tailandeses, entre gestos, mostrando o celular, tentei que me "emprestassem" a internet... sem sucesso.

Quando voltei para o banco, tinha uma mulher tailandesa, parecia muito simples. Mostrei o celular, que o número que queria falar era dali. Ela não tinha smartphone, não tinha internet. E me emprestou o celular para eu ligar. Agradeci mil vezes com o gesto com as mãos que os orientais fazem e dizendo kap kun kap (obrigada em tailandês). Isso não tem preço. Ofereci um chiclete como forma de gratidão. E minha fé nas pessoas só aumentou.

2.3 A riqueza nos detalhes

No outro dia, peguei um trem de Bangkok a Chiang Mai numa viagem de 15 horas. É bem confortável, à noite vêm os funcionários e transformam os bancos em cama.

No trem conheci uma senhora tailandesa, de uns 60 anos, que, segundo ela, já tinha visitado mais de 90 países. Eu, com alma viajante, logo quis puxar mais conversa. Como ela já tinha tantas referências pelo mundo, perguntei por que a Tailândia era considerada o "país do sorriso", e ela, claro, com um sorriso no rosto, respondeu: é que aqui nós temos tudo". A temperatura é agradável o ano todo, ninguém morre de frio nem de calor. Ninguém morre de fome, tem bananeira pelas estradas e galinha, ou seja, banana e ovo estão garantidos. E a maioria das pessoas é budista, uma filosofia que nos ensina o desapego.

Uma senhora aula de felicidade!

Em Chiang Mai, fiquei hospedada em um hotel que deve ser um dos mais simples que já fiquei na minha vida, com uma diária de menos de R$15,00 e com o chuveiro praticamente em cima do vaso. Tirando esses detalhes técnicos, esse hotel é o mais luxuoso em que eu já fiquei, e olha que já fiquei hospedada em muitos hotéis nessa vida – muitos 5 estrelas. Esse não devia ter nenhuma estrela, mas o que ele tinha de precioso é o tratamento, o cuidado. Nele eu me senti escutada, com carinho, com atenção. Desde o primeiro momento em que cheguei: a forma como me deram a chave, a forma como me observaram dizer o que queria fazer, se eu tinha alguma preferência ou alergia para comer, tudo isso me fez sentir especial. E isso não tem a ver com localização, com número de fios que o lençol tem, não tem a ver com o prato suntuoso ou a comida cara – na verdade isso não tem nada a ver com dinheiro. Tem a ver com o "como você se sente". E mais um aprendizado: é isso o que a gente leva na vida, a experiência, a sensação. Eu, por exemplo, já fiquei em um hotel 5 estrelas em Pequim, onde quebrei um copo, sem querer, e me cobraram pelo prejuízo. Nesse hotel em Chiang Mai, o café da manhã não estava incluído e eles fizeram questão de oferecer gratuitamente, com carinho, com cuidado. É onde está a riqueza, nos detalhes.

O meu processo de transformação, sendo cada vez menos turista e me tornando mais viajante, é lento. Estou aprendendo muito nele. Em minha "zona de conforto", que era como eu costumava viajar, teria o instinto de visitar as centenas de templos da cidade, procurar qual era o mais famoso... Mas dessa vez quis passear, deixar que a cidade se apresentasse. Quis cuidar de mim.

Caminhava, um templo me chamava a atenção, entrava, observava o ritmo dos monges pelas ruas, os locais...

Entrei em um salão e arrisquei cortar meu cabelo.

O que era para ser "três dedinhos" na horizontal, só as pontas, virou "três dedinhos" na vertical e tudo bem! Comunicar com as pessoas que vivem no local é parte da viagem.

Fiz limpeza de pele, fiz massagem, experimentei comidas diferentes. E pensar que durante um tempo já me chamaram de "chatonilda". Quando trabalhava no Brasil, toda vez que ia almoçar um amigo me chamava "vamos Nilda, vamos Nildinha". Ele queria dizer que eu era uma "chatonilda" pra comer: eu não comia verduras, não comia legumes, fazia cara feia pra um tanto de coisa. Uma vez eu chorei porque uma cebola virou quase uma árvore dentro da minha geladeira e eu não sabia que isso acontecia. Eu não sabia reconhecer uma couve-flor no supermercado. E, desde que meu processo de transformação começou, comecei a rever alguns comportamentos que me limitavam, a experimentar novas coisas, a desfrutar de momentos com pessoas queridas. Ser a "chatonilda" da história e ter que mudar o fluxo por causa de mim... essa versão morreu!

Claro que eu tenho preferências, eu prefiro uma coisa a outra, mas hoje eu posso dizer que eu como de tudo. Tudo o que eu sinto que me faz bem, que o meu corpo pede... Estou começando a escutar o meu corpo...

2.4 Você tem todos os recursos

Fui para o Camboja, visitar os templos de Angkor Wat, que é o maior templo religioso do mundo. Fiquei impressionada com tudo o que vi, o tanto de detalhe. E com a capacidade do ser humano. Você, eu, temos todos os recursos para fazer o que a gente quer na vida.

Trocentos anos atrás não tinha computador, ferramenta para medir, para subir as pedras pesadas, e eles foram lá e fizeram.

Às vezes eu acho que não vou ser capaz de fazer alguma coisa. Quando essa voz vem, a gente tem que falar mais alto: EU TENHO TODOS OS RECURSOS. Tudo o que eu quero e me comprometo a fazer, eu consigo.

E minha sensação é de que, quando essas minhas escolhas estão alinhadas com o universo, os caminhos vão se abrindo, vão aparecendo pessoas para tornar a caminhada mais fácil, mais divertida, mais leve, mais interessante, mesmo que em algum momento pareça difícil, complicado...

Em 2012, no meu último trabalho no Brasil, lançamos o filme "As Aventuras de Pi", que é um filme para ver e rever. Que talvez você não goste na primeira vez que veja. Uma história de fé. Como diz o protagonista em uma cena, "a fé é uma casa de vários quartos". Como nós contamos nossa história? Somos protagonistas ou coadjuvantes? Em que queremos acreditar? E que diferença isso faz na nossa caminhada...

Há muitos anos eu me defino como uma aprendiz do mundo. Acredito que tudo o que vivemos tem uma mensagem, um aprendizado, mesmo que não consigamos identificar no primeiro momento. E a vida, em sua infinita sabedoria, permite-nos sempre escolher, e de novo, e de novo, e de novo como queremos interpretar o que nos passa, de que maneira podemos aceitar, sem resignação, o que acontece e ficar com o coração em paz.

E isso é parte de "aprender a ser eu", com luzes e sombras. Como diz Elizabeth Gilbert, minha escritora favorita, *"you are allowed to be both a masterpiece and a work in progress, simultaneously"* = "Você pode ser ao mesmo tempo uma obra-prima e um trabalho em evolução, ao mesmo tempo."

E por falar em luzes.... Quando assisti ao filme "As Aventuras de Pi", fiquei encantada com os efeitos especiais. Há uma cena em que aparecem vários plânctons, que são uns bichinhos que vivem na água e brilham muito. Decidi que queria nadar com plânctons.

No Camboja fui a uma ilha, Koh Rong, e realizei meu sonho. Para isso se pega um barquinho, vai para o meio do mar, à noite, com as luzes apagadas e entra na água. Quem disse que eu estava achando isso legal? Estava toda tensa, achando que podia aparecer um tubarão e morder minha perna. Não vi nada.

No outro dia, peguei meu medo e fui com ele

mesmo. Entrei na água e comecei a mexer os braços e de repente o mar parecia um céu de estrelas. Me emociono ao me lembrar da sensação agora.

E me lembro de várias vezes em que o medo foi meu companheiro de viagem. Quando fui prestar vestibular, ou quando participei de um processo seletivo com mais de 400 pessoas para ser estagiária num canal de televisão, medo de não saber as respostas, medo de não ser aprovada, medo de me amarem menos por isso. Quando me separei, medo de não saber amar e não ser amada. Quando fui demitida de um trabalho, medo de ficar desempregada para sempre, medo de não reconhecerem o meu valor...

Quando pedi demissão, uma das diretoras me perguntou "você não tem medo de não saber o que vai fazer?" Nesse momento o meu medo foi um pouquinho diferente, e a resposta foi: "tenho medo sabendo que não quero estar aqui e ainda assim continuar". Medo do desconhecido? Sim, tenho. Mas quanto mais me conheço, uma voz aqui dentro fala mais alto: "siga seu coração e vai com medo mesmo".

2.5 Permita que o inesperado aconteça

Em 2014, fiz uma viagem para a Croácia e lá havia uma marca de água que trazia umas frases inspiradoras de Paulo Coelho. Olha o universo falando comigo de novo... Eu trouxe uma dizendo "você somente vai entender o milagre da vida completamente quando permitir que o inesperado aconteça".

Eu tenho a mania de querer ter o controle das coisas, de planejar, de organizar. Digo que para fluir preciso ter uma base segura. Mas nos últimos anos tenho aprendido, às vezes de forma dolorosa, que a única coisa que tenho controle é sobre os meus pensamentos e nada mais.

Quando vim para Barcelona, no meu planejamento, o meu apartamento em São Paulo seria alugado imediatamente, e os meus cálculos para me manter aqui estariam supercontrolados. Só que não. O apartamento ficou oito meses sem alugar, o real desvalorizou em relação ao euro. Um dia eu estava tão desesperada e com frio, que saí com um ventilador na mão para vender e, com o dinheiro, compraria um aquecedor. Na minha cabeça, essa conta sairia exata, mas queriam me pagar quatro euros por ele, o que não ajudaria muito. Chorei. Engoli meu orgulho. Pedi ajuda para meus pais.

Tendo trabalhado sempre em grandes empresas, minha vida era relativamente previsível: o dinheiro chegava todo mês, tinha bônus no fim do ano, férias e 13º. Estando há mais de um ano na mesma empresa, os ciclos também começavam a ser previsíveis: em determinada época do ano se trabalhava mais, em outra era mais planejamento. Foram mais de 15 anos assim, numa vida como num carrossel.

De repente, senti que assim não fazia mais sentido para mim (e as coisas podem mudar, sempre podem, estamos escolhendo a cada segundo). Desde que vim morar em Barcelona, minha vida está muito mais parecida com uma montanha russa. Tantos altos e baixos. Emoções extremas. Aprendendo a ser eu, buscando meu equilíbrio, o que funciona para mim, neste momento.

E, nesta nova perspectiva, um de meus maiores aprendizados é permitir que o inesperado aconteça, soltar o controle, deixar fluir, aceitar o ritmo das coisas, das pessoas.

Eu achava que eu tinha controle... que ilusão!

E de repente estou descobrindo um lado meu que disfruta e brinca e flui com a magia da vida... pouco a pouco.

Lá no Camboja, voltando da ilha onde nadei com os plânctons, fiquei muitas horas na capital, Phnom Penh, esperando o horário para pegar o ônibus para ir para Siem Reap. Não tinha muito o que fazer e fui caminhar e deixar a cidade se apresentar, era uma sexta-feira à noite.

Fui a um mercado de rua – ao invés de mesas ou

banquinhos, colocam tapetes e se come no chão. Parei num restaurante ao lado do rio, era superchique e estava tendo uma dança típica, pedi um cappuccino e assisti ao show. Fiz uma massagem de uma hora por menos de cinco euros. E, caminhando pela cidade, escutei uma música, achei que era um Karaokê, pois tinha um pessoal cantando e dançando dentro de um lugar. Não, não era um karaokê. Era uma funerária. Fiquei olhando, e eles me chamaram para participar da festa ou seja lá o que eles estavam comemorando. E lá fui eu, permitindo totalmente que o inesperado acontecesse: numa sexta à noite, uma brasileira dançando em uma funerária no Camboja.

Meus amigos às vezes falam que há coisas que só acontecem comigo... de algum modo acho que estou mais aberta.

Einsten tem uma frase que diz: "Há duas formas para viver sua vida: uma é acreditar que não existe milagre. A outra é acreditar que todas as coisas são um milagre." Opto pela segunda.

No aeroporto de Siem Reap, estava lá sentada esperando o tempo passar e vi um homem me olhando, era bem bonito. Na hora pensei: "será? Eu com essa roupa nada a ver e o cabelo de qualquer jeito?". Na fila para o embarque, começamos a conversar em inglês até saber um pouco mais sobre ele, Diego, quarenta e poucos anos, de Madrid (aí mudamos para falar em espanhol). Ele passaria por Istambul, comecei a dar dicas da cidade, disse que um dos passeios que mais gostei foi o de barco no Bósforo. Que o que tinha feito toda a diferença nesse passeio foi o horário, pois pegamos o barco ainda era dia, foi anoitecendo, vimos o pôr do sol e, na volta, a cidade já estava iluminada, uma vista preciosa.

Comecei a me dar conta de como – quando começamos a perceber a luz na nossa vida – a nossa perspectiva muda, a minha muda, a situação muda. De repente, o passeio de barco passa a ser mágico. Entrar no mar à noite, mexer os braços e surgir um céu de estrelas. Mágico.

Comentei que ia fazer um retiro de 10 dias de silêncio, ele havia acabado de fazer um assim recentemente na Espanha. E a dica foi: "nem sempre vai ser fácil, mas seja forte."

2.6 Dez dias de silêncio

Quando comprei a passagem para Bangkok, não sabia muito bem o que iria fazer por lá, viajando um mês sozinha. O silêncio estava cada dia me chamando mais e decidi procurar por um retiro de silêncio. Diego, que conheci no aeroporto, foi a primeira pessoa que conheci que havia feito algo assim até então.

Quando comecei a procurar sobre retiros na Tailândia, apareciam de todos os tipos: três, sete, dez dias. Uns que pareciam mais um spa, outros supercaros, outros que tinha que usar roupa branca.

E eu me perguntava, para que eu quero ir a um retiro? E a resposta vinha com clareza: para encontrar o meu eu mais autêntico, me escutar, para aprender a ser eu.

Há uma frase que diz que, quando rezamos, falamos com Deus, com o Universo, o Cosmos, como você queira chamar. E quando ficamos em silêncio, ele fala com a gente.

Depois de tanto falar nesta vida, eu, a pessoa mais "falativa" que conheço, sentia que o silêncio gritava aqui dentro. Queria ser ouvido.

Nessa procura por um retiro para ter este encontro, descobri Wat Suan Mokkh, perto da cidade de Surat Thani, que começa todo primeiro dia de cada mês e dura dez dias. Dez dias. Duzentas e quarenta horas. Cento e quarenta e seis mil e quatrocentos minutos. Achei que seria demais, eu que tinha meditado no máximo cinco minutos nas aulas de ioga.

Lembro-me de ter lido que um retiro de três dias era pouco, que neste período o seu corpo está se acostumando à nova rotina. Dez dias parecia muito. Mas alguma coisa me falava para ir mesmo assim.

Comecei a comentar com alguns amigos que faria esse retiro. O comentário era quase unânime: "acho que você vai dar conta, o problema vai ser para a coitada da primeira pessoa que você encontrar quando sair".

Lá fui eu. Cheguei dois dias antes, eles oferecem a possibilidade de dormir no monastério ao lado, gratuitamente, por alguns dias.

Conheci Lina, uma alemã de 23 anos que estava rodando o mundo. Escrevia para um jornal da cidade onde ela morava. Fomos para um restaurante perto do monastério para ter os últimos momentos conectadas com a Internet, mandando os últimos e-mails, as últimas mensagens por *Whatsapp*, entrando nas redes sociais. Sim, parecia um drama ver dessa forma, mas a minha sensação era de insegurança naquele momento. Sabe aquele desenho da pirâmide de Maslow das necessidades básicas* (que começa por necessidades fisiológicas e vai por segurança, sociais, status-estima e chega a autorrealização)? Há alguns anos a "atualizaram" colocando a "Internet" como a base; é uma piada, ou não, mas a minha sensação é de que ficaria literalmente sem chão, sem base, desconectada do mundo. Quem seria eu nesta nova realidade?

do mundo. Quem seria eu nesta nova realidade?

Dia 0 – As regras do jogo

Chegando ao retiro, eles fazem uma entrevista com todo mundo, para checar se você está bem, física e mentalmente. Eu vinha de um ano de mudanças, estudando um Máster em Inteligência Emocional, já tinha feito viagens sozinha, sentia-me preparada para estar ali. Ok, não tão preparada assim.

Pouco mais de um ano antes, eu tinha pedido demissão para estudar em outro país e ver o que queria da vida. Para mim seria como um ponto de inflexão, e agora que já sei "doncovim", agora "oncotô" e "proncovô"? Tinha um tanto de perguntas na cabeça. Tinha medo de que acontecesse algo enquanto eu estivesse lá. Tinha medo de que as pessoas não sentissem minha falta. Tinha medo do que podia descobrir. Tinha medo de não conseguir ficar lá os dez dias. Tinha medo de não conseguir ficar calada. Tinha medo do que as pessoas iriam pensar.

E fui com medo mesmo.

Pelas minhas contas, eram umas oitenta pessoas, metade homens, metade mulheres.

A equipe que nos acompanharia naqueles dias foi

apresentada e logo depois as regras básicas para estar ali:

1 – Não tirar nenhuma respiração (abstenha-se de matar qualquer ser vivo);

2 – Não levar o que não é dado (abstenha-se de roubar);

3 – Manter o corpo e a mente livres de qualquer atividade sexual;

4 – Não ofender os outros com palavras. (nesse caso, não falar em geral);

5 – Não prejudicar sua consciência com substâncias que intoxicam e levam ao descuido (álcool, drogas, cigarros, etc);

6 – Não comer entre o meio-dia e antes do amanhecer;

7 – Não dançar, cantar, brincar ou escutar música, assistir a shows, usar adornos ou se embelezar com perfumes e cosméticos;

8 – Não dormir ou sentar em camas e sofás de luxo.

De acordo com eles, esses eram os requisitos para se ter uma vida normal, leve e simples.

E aí já começaram a vir mais dúvidas na cabeça: o que é uma vida normal? Formar, casar, ter um bom cargo? Satisfazer as expectativas dos outros? Essa vida eu já vivi e não estava satisfeita com ela. O que é uma vida normal para mim?

Sobre a leveza eu já estava certa que queria. Uns anos antes tinha lido um livro da jornalista mineira Leila Ferreira, "A arte de ser leve", que conta, por meio de histórias pelo mundo, a possibilidade que temos de escolher seguir pela vida com "obesidade mórbida de espírito", como se fôssemos um caminhão, supercarregados, ou seguir de bicicleta, de forma menos estressante e complicada. Eu quero uma vida leve.

Sobre a simplicidade tinha minhas dúvidas. O que era ser simples? Ter menos coisas materiais? Ter menos "nós" na cabeça? Ser conformista?

E me perguntava: o que eu estou fazendo aqui?

Para as tarefas do dia a dia, podíamos nos prontificar para assumir alguma responsabilidade durante os dias do retiro. Fiquei lá olhando a lista, para ver se alguma tarefa chamava minha atenção, até que um homem que trabalhava lá (acho que estava estudando pra ser monge) se aproximou e me disse "ninguém até agora se inscreveu para limpar os banheiros".

E a resposta para "o que estou fazendo aqui?" apareceu bem nítida, como se fosse uma voz no meu ouvido: "para encontrar o seu eu autêntico".

Fazendo o que fosse, eu estava ali para ser eu.

Deixei na recepção o celular, o notebook. Seriam dez dias totalmente desconectada do mundo exterior.

Tinha enviado para meus pais e duas grandes amigas os dados do retiro, para o caso de acontecer alguma coisa e precisarem me contatar com urgência.

E se acontecesse alguma coisa?

Duas amigas estavam grávidas, será que os nenês iriam nascer enquanto eu estava ali? Seria eu a única a não saber?

E se começa a terceira guerra mundial?

Me encaminhei para o quarto. A ala das mulheres é separada da dos homens. O quarto é individual, e a primeira sensação que me deu é que parecia uma prisão. Eu estaria ali presa em meus pensamentos, por livre e espontânea vontade.

A cama de cimento com uma esteira, uma manta e um mosquiteiro. Um travesseiro de madeira. E eu.

Dia 1 – Observe

4 da manhã. Toca o sino. Hora de levantar.

Não dormi bem. Como se dorme de bruços com um travesseiro de madeira? Ou de lado?

Dentro da minha mochila tinha um protetor de pescoço para viagens, que faz até massagem. Minha amiga Lu me presenteou há alguns anos e ele me acompanha pelo mundo.

Só que ali, na minha cabeça pelo menos, ele não tinha lugar. Escondi o mais escondido possível para que eu não tivesse nenhum contato visual com ele e com nada que me lembrasse do conforto que eu tinha deixado pra trás, de que eu estava na Tailândia e poderia estar dormindo em uma cama macia, com um travesseiro que se molda... Ser autêntica para mim significava ser coerente comigo.

Está tudo escuro e acendo a lamparina para ir ao banheiro. Na Tailândia não usam papel higiênico, só água. Lá fui eu ser autêntica, entre a lamparina, o balde, o vaso, todo um malabarismo.

Voltei para o quarto e lembrei de que tinha um pacote de lenço umedecido na mochila. Lá foi ele também pro "esconderijo", junto com o protetor de pescoço.

Isso de ser autêntica não parece ser tão simples.

4h30. Primeira meditação do dia. Homens de um lado. Mulheres de outro. Cada um com "kitizinho" de esteira e banquinho de madeira.

Escolho um lugar, sento-me. Um monge senta à frente de todos. Assim passa quase uma hora.

5h15. Mulheres vão fazer ioga. Homens, tai chi chuan.

A professora falava, não entendia muito bem o seu sotaque. Era bem diferente da ioga que eu estava acostumada a fazer.

7h. Meditação. Voltei pro cantinho que tinha sentado antes, "pescando" de sono.

8h. Café da manhã. As pessoas pegavam um papel e se sentavam. Lá fui eu. Uma monja explicou que leríamos este papel todos os dias antes de comer.

E então saíam os primeiros sons, depois de quatro horas acordada (logo depois descobri que sairiam sons de minha boca três vezes ao dia). Não lembro o texto exatamente, mas em resumo era algo como "a comida só existe para me alimentar e manter meu corpo vivo".

Fiquei pensando nisso. Para mim comida é prazer, socialização, descobrimento (quando viajo adoro comer coisas diferentes). Mas, nos dez dias aqui, a comida será só para manter meu corpo vivo.

E eu estava com fome. O café da manhã era uma sopa de arroz. Interativa que sou, buscava olhares cúmplices que concordassem que aquilo era um pouco esquisito.

Eram duas mesas grandes para os homens e duas mesas grandes para as mulheres. Conscientemente, sentei virada para os homens e ficava olhando, vendo se tinha alguém bonitinho.

Naquele silêncio, observava tudo, como as pessoas comiam, as caras que faziam, contava quantas pessoas havia ali.

Cada um pegava seu prato e sua colher e seguíamos para lavar. Cada um era responsável por lavar suas coisas.

Logo depois, lá fui eu para a tarefa para a qual havia me inscrito: lavar o banheiro. Vi na lista que outra pessoa também tinha se inscrito. E lá estávamos as duas. Eram nove banheiros. Com gestos, entramos em acordo que um dia uma limparia os vasos e a outra limparia o chão, e iríamos revezando.

No meu diálogo mental a conversa foi algo assim:

Eu: Oi, sou Ingrid, brasileira. Que ótimo que você vai me ajudar nesta tarefa. Olha, eu não tenho muita prática nisso não. Pra ser bem sincera, o primeiro banheiro que limpei na vida foi com 34 anos, quando cheguei em Barcelona. É, tive uma vida privilegiada. E sempre é tempo de aprender e de melhorar. E você?

Ela: Sou Evelyn. Na Alemanha a gente está mais acostumada. Mas vou fazer da minha maneira. Um dia você lava os vasos, no outro eu, aí a gente não fica tão entediada.

Eu: Ok, combinado. Vamos nos encontrar aqui, todo dia, por volta desse horário.

10h00 – Meditação. Tem um papel com os horários de cada atividade, o que ajuda a dar uma noção de tempo, e o sino toca para avisar que é hora de ir para outro compromisso.

Eram 10h da manhã e eu tinha fome e sono. Meditar significava fazer um esforço para ficar acordada com os olhos fechados e rezar pro estômago não fazer um barulho alto. Um monge falava algumas coisas e, logo depois, silêncio...

11h00 – Meditação em movimento. Em uma outra ala, aprendíamos a caminhar lentamente, observando a respiração e como os nossos passos fluíam, um depois do outro, gentilmente, observando cada parte do pé entrando em contato com o solo. Uns 3-5 minutos para cruzar de um lado a outro. E, quando parava, naturalmente o corpo voltava para um estado de tranquilidade. Sem fazer nada, só estar. Ok, eu ficava olhando pro ritmo das outras pessoas. Acho que "estava", só que mais acelerada.

11h45 – Meditação sentada. Voltamos para a outra ala. É normal estar pensando em comida? Olho para as meninas ao lado, dou um sorriso simpático. No meu diálogo interno: "Vamos conversar? Está gostando daqui? O café da manhã achei meio esquisito. E estou com fome. Você também?".

Fecho o olho. Respiro. Abro o olho. Por favor, toca o sino pra gente ir comer!

12h30 – Almoço. Arroz, verduras e fruta de sobremesa. Antes de comer, ler em voz alta: "a comida só existe para me alimentar e manter meu corpo vivo."

Observei que as pessoas sentaram mais ou menos nos mesmos lugares do café da manhã, eu inclusive. Acho que inconscientemente vamos buscando nossa zona de conforto.

Os talheres são uma colher típica da Tailândia e um prato tipo *"bowl"*. Ali parecia que o que eu sabia não contava muito. Tudo era novo, de novo. Comer com colher, por exemplo. E a alface? Fresquinha, crocante, com a mão mesmo.

Depois fui para o quarto cochilar um pouco. Entre as regras, não podemos nem dormir, nem fazer exercícios nas áreas externas.

14h30 – Meditação.

Eu já estava acordada há dez horas. Que dia longo!

A cada momento de meditação vem um monge diferente. O deste momento é o Paul, o que me entrevistou. Ele é monge e não usa roupa de monge, não sei por quê. Deve ter uns 50 e poucos anos. Tem a mesma feição o tempo todo, acho que nada tira ele do seu centro.

Na entrevista, ele me perguntou o que eu fazia e disse que era *Coach*, que vinha num processo de mudança de vida. Senti uma cumplicidade no olhar. Acho que ele também passou por um processo de mudança grande.

Ele me falou que eu tinha uma grande oportunidade em estar naquele retiro de silêncio e, se absorvesse os conhecimentos, seria uma grande pessoa e uma grande *Coach*, poderia ajudar muita gente. Meus olhos encheram-se de lágrimas. Para mim, naquele momento pensando "o que estou fazendo aqui?", suas palavras foram como "você está no caminho certo".

Ele colocou uma gravação de Ajahn Buddhadasa, fundador do retiro. A gravação foi feita muitos anos atrás e cada dia vamos ouvir um pouco. E aprender um pouco.

As leis da natureza, que surge, persiste e termina... surge, persiste e termina.... num ciclo...

Surge, persiste e termina...

Tudo no universo é assim, surge, muda, transforma e desaparece... pelo menos da forma como a gente conhece...

Entender essa "dança" faz com que vivamos sem sofrimento, ou Dukkha, como dizem aqui em *pali*.

Falando assim, em uma frase, até parece fácil...

15h30 – Meditação em movimento.

Interessante observar que nosso estado natural é de

tranquilidade. E quando nos colocamos em movimento, interessante observar como os passos fluem. Tem toda uma natureza a nosso favor.

Sem fazer nada, o coração, que está batendo um pouco mais enquanto estou andando, aos poucos, vai se tranquilizando, quando paro. Sem esforço.

16h15 – Volto para a meditação sentada. Vira e mexe abro o olho para ver se está todo mundo meditando mesmo. Alguns, sim. Outros observando, como eu.

17h00 – Momento de cânticos. Terceiro momento do dia em que sai som da minha boca. Entoamos cânticos em *pali* e em inglês. Tenho dificuldade em acompanhar, minha falta de ritmo parece que não escolhe idioma nem lugar.

18h00 – Hora do chá. Já estava com fome. Um pouco de dor de cabeça inclusive. Só um chá não vai resolver. Ainda bem que pode repetir!

Fazia calor, mas nada insuportável. Um banho era bem-vindo depois desse dia longo.

Lembrei da minha avó, que morou sozinha por muito tempo, já velhinha. Às vezes ia na casa dela e perguntava o que ela tinha feito e parecia que o banho era o auge do dia. "Comi, li alguma coisa e tomei banho".

Ela falava que às vezes ficava muito em silêncio, não tinha ninguém para conversar. Não passava nem um mosquito para ela falar "xô".

Lá, no caso, tinha muitos, mas eu não podia falar com eles.

Fui me preparar para o banho, física e mentalmente. Preparar significava colocar a canga em volta do corpo (tínhamos que vestir um sarongue, achei mais prático usar minha canga de praia mesmo). Não podíamos ficar peladas na frente das outras meninas.

Tinha um tanque de água e era para usar tipo uma caneca para o banho. Fiquei observando como as meninas faziam e fui desenvolver a minha técnica.

Primeiro, eu não gosto de tomar banho de água fria. A técnica neste caso era pensar "que bom que não está tão fria", "que bom que aqui faz calor". Ok, o pensamento mais alto era "eu adoro um banho quentinho no chuveiro". A mente ficava por um lado debatendo a realidade com a minha interpretação da realidade e com o meu desejo e, junto a isso, a parte logística da coisa, como lavar o cabelo com essa caneca? E como eu lavo as "partes" sem que ninguém veja? Alguém vai ver. Vai aparecer uma monja aqui e me xingar...

20h00 – Meditação em movimento. Já era noite e tínhamos que sair com uma lamparina. Ou lanterna para quem tinha levado. Caminhávamos lentamente, em fila, tudo escuro, em volta do rio. Achei meio esquisito aquilo, sei lá parecendo tipo uma seita ou zumbis.

20h30 – Meditação em grupo. Já estava caindo de sono. Fiquei com medo de dormir se fechasse os olhos. Decidi focar na vela que tinha lá na frente e de repente toca o sino. O tempo voou.

21h00 – Tempo para escovar os dentes e ir pra cama. A cabeça doía. O corpo doía. Tomei um remédio.

21h30 – Luzes apagadas.

Dia 2 – O conhecimento afasta o medo

Parecia que eu tinha acabado de fechar os olhos e tocou o sino.

Nesse retiro, pediam que usássemos roupa cobrindo os joelhos e os ombros. Eu tinha três calças – uma que tinha levado e duas que comprei por uns R$6,00 cada lá na viagem mesmo – e três camisas.

Era fácil escolher o que ia usar. Eu tenho dificuldade em fazer composições, não me considero criativa para roupa. A moda nunca me chamou muito a atenção.

Quando estava trabalhando em empresa, lembro-me da minha insegurança diária para estar bem vestida. Ali, a minha roupa estava mais próxima de um pijama e estava tudo bem.

Pela manhã, quando voltei do café (leia-se a sopa de arroz) e estava no meu quarto, Lina bate na porta, em pânico, chorando e tentando explicar alguma coisa na linguagem surdo-mudo.

Ela me pega pelo braço e me leva até o seu quarto e me mostra uma aranha. Grande. Eu tenho medo, nunca matei uma aranha na vida. Calma, aqui não pode matar nada, nem aranha. O que ela quer que eu faça?

De repente, com uma tranquilidade que sei lá de onde veio, me lembrei das instruções que tinham dado no primeiro dia quando estavam explicando as regras.

No meu diálogo interno falei com a Lina: "tranquila, vai ficar tudo bem, eu resolvo". Saí, procurei uma tigela e um papel e peguei a aranha como ensinaram. Coloquei-a de volta na natureza como se eu fizesse isso todos os dias da minha vida.

Ela me agradeceu, ainda chorando. Eu me senti a todo-poderosa, a pessoa com mais autocontrole da história.

Mas o universo é muito engraçadinho.

Depois de passar o dia meditando (leia-se tentar calar a minha mente, que fica o tempo todo tagarelando na minha cabeça), me acostumando com a rotina, tentando não pensar na dor no corpo (esse negócio de dormir em cama de cimento e ficar o dia inteiro sentada pensava que seria mais fácil), chego às 21h no meu quarto.

Estou trocando de roupa para dormir e de repente vejo um lagarto enorme na parede. Para tudo! Gigante. Meu coração acelera, vontade de chorar, vontade de gritar. Medo. Arrependimento de estar ali. Tudo junto e misturado.

Meu primeiro instinto foi chamar alguém para me ajudar (cadê a todo-poderosa, a pessoa com mais autocontrole da história?).

Eu me lembrei que, antes de decidir vir para cá, procurei na internet relato de gente que já tinha feito esse tipo de retiro. Um deles falou que um dia tinha um lagarto no quarto dele e ele chamou um monge. O monge apenas respondeu "ele estava aí antes de você". Fim.

Eu não queria ouvir esta resposta. Eu não queria

ficar com medo.

E de repente veio uma lembrança na minha cabeça. Senta que lá vem a história...

Vamos para 2004. Morava sozinha em Belo Horizonte. Tinha um namorado e estávamos dormindo juntos. Era meia-noite e meia e ele falou que precisava ir embora. Ele tinha a chave da minha casa.

Continuei dormindo e de repente senti que tinha alguém do meu lado. Olhei o relógio e vi que era uma e meia da manhã. Pensei que ele tivesse voltado, mas não. Quem estava ao meu lado era um homem alto, muito parecido com o pai dele, que estava muito mal no hospital naquela época.

Dei um grito, comecei a chorar, me escondi debaixo do lençol. Quando tive coragem para abrir os olhos, o homem não estava mais lá.

Passei os dias seguintes com muito medo. De dormir inclusive. Tentava ficar acordada até meus olhos não aguentarem mais. Alguns dias depois vi uma mulher ruiva. Gritei, chorei, até que ela se foi. Outro dia foi uma senhora com uma camisola branca. Meu coração disparava de susto, de medo. Eu achava que eu estava ficando louca. Uma outra noite escutei alguém falando comigo, como se estivesse em um outro cômodo da casa: "boa noite, Ingrid".

Digo que tenho uma versão minha, deve ser meu alter-ego ou sei lá o quê, que eu chamo de "a louca do quartinho", que é quando eu faço coisas extremas para o meu padrão de comportamento, que seriam consideradas comportamento de louco. Bem, essa noite a "louca do quartinho" saiu pela casa chorando, gritando "quem está aí? Me deixe em paz!".

A esta altura, eu já era a mulher-olheira, praticamente não dormia, era a minha estratégia para tentar não ver essa gente. Me sentia supermal, achava que estava louca. Não falava com ninguém sobre isso.

Até que fui ao aniversário do irmão de uma amiga. Ela me viu com aquela cara e me perguntou o que estava acontecendo. Comecei a chorar no meio da festa e ela me levou para um quarto. Expliquei a história, e ela me disse que, se eu quisesse, ela podia me ajudar. Eu respondi que faria qualquer coisa, só queria voltar a dormir, a ficar em paz.

Ela me levou a um centro espírita. Nunca havia estado em um. Lá fui conversar com um senhor e, em lágrimas, expliquei a ele o que estava acontecendo.

Ele falou que isso era lindo, que eu tinha um dom, inclusive que era raro ver e ouvir (no caso gente morta, tipo o filme O Sexto Sentido), que geralmente as pessoas só conseguiam uma coisa ou outra.

Ele pegou a minha mão e tivemos o seguinte diálogo:

Ele: Para que serve a sua mão?

Eu: Para pegar, para tocar, para acariciar, para bater, para ajudar...

Ele: (enquanto fechava a minha mão) E se eu a fecho, a corto, o que acontece?

Eu: Eu deixo de fazer tudo o que eu falei.

Ele: Assim é o seu dom. Se você "cortá-lo", deixará de se beneficiar dele e também a outras pessoas através do que ele pode proporcionar.

Eu: Mas eu não quero ver gente morta, não quero escutar. Não quero pensar que estou louca. Quero dormir tranquila. O que eu preciso fazer?

Ele: Essa é uma escolha pessoal. Essas pessoas que chegam até você não sabem que estão mortas. Você, para ajudá-las, só precisa se informar, ler sobre o assunto. Vou te recomendar alguns livros. O conhecimento afasta o medo.

E foi o que eu fiz e nunca mais vi nem escutei nenhum morto, até hoje.

Por que estou contando esta história? Primeiro porque aconteceu comigo, você não tem motivo nenhum para acreditar, e eu, motivo nenhum para inventá-la. Segundo porque essa lembrança me veio em um segundo lá no retiro de silêncio, no meu encontro com o lagarto.

Eu ali paralisada de medo, vem essa história na minha cabeça, e a frase "o conhecimento afasta o medo" aparece em alto e bom tom.

Respiro fundo e começo um diálogo mental com ele, o lagarto, para a gente se conhecer melhor:

Eu: Oi, tudo bem? Eu sou Ingrid e estou neste retiro, ainda não tenho ideia do que eu estou fazendo aqui. Neste momento, inclusive, estou me questionando bastante. E você?

Ele: Oi, meu nome é Oliver (achei-o tão grande como um jacaré – ok, um minijacaré – jacaré em inglês é aligátor (se lê "oligueitor") e por isso achei que Oliver tinha tudo a ver com ele... o poder de criação da mente é incrível).

Eu: Prazer, Oliver. É o seguinte, eu imagino que você já frequente este lugar há mais tempo que eu. Só vou te pedir, por favor, pra gente ter assim uma distância de segurança, para eu ficar mais tranquila. Você aí na parede, eu em um lugar onde eu te veja, mas longe da minha cama. Tudo bem?

Ele: Ok, estarei por aqui estes dias.

Na dúvida se a comunicação entre a minha versão "louca do quartinho" e Oliver tinha sido eficiente, apoiei o mosquiteiro embaixo da esteira na cama, de forma que fosse mais complicado qualquer tipo de ser vivo entrar.

O cansaço físico e mental era enorme.

21h30 as luzes apagaram e eu dormi em seguida.

Dia 3 – A vida é bela

Foi difícil acordar. Parecia que o corpo doía mais. Confesso que a mão coçava para pegar o protetor de pescoço cada vez que eu olhava para o travesseiro de madeira.

No café da manhã (conhecido também como sopa de arroz, sim, todos os dias), a monja deu dois recados.

O primeiro foi que algumas pessoas tinham ido embora do retiro. Desta forma, haveria uma lista das tarefas para as quais elas tinham se inscrito e um asterisco marcando que atividade precisava de gente para repor.

O segundo foi que ela estava observando que tinha muita gente que parecia que ainda não tinha entendido o conceito de fazer um retiro, por exemplo, durante a comida, mulheres ficavam olhando os homens (acho que foi uma direta para mim), homens olhando para as mulheres, buscando interação, ainda que inconsciente, com outra pessoa, cedendo um lugar na fila por exemplo.

O propósito de estar ali era olhar para dentro.

A fala da monja mexeu comigo. Em vários sentidos. Nesse dia parece que estava mais sensível, o corpo todo dolorido. Fui ver na lista as tarefas que precisavam ser repostas e me dei conta que oito mulheres tinham deixado o retiro, uma delas era a Lina.

Comecei a me questionar se eu daria conta de ficar até o final.

Decidi que ia me registrar em mais uma tarefa – além de lavar o banheiro, agora eu também limpava as mesas depois do almoço.

Minha estratégia foi: preciso ocupar minha cabeça.

E o dia que tinha começado difícil, de repente, foi ficando interessante.

Comecei a perceber que estava me sentindo praticamente uma "vítima" das circunstâncias, reclamando mentalmente da cama dura, "ressuscitando" ex-namorados e pensando que eu deveria ter terminado antes com todos eles, xingando ex-chefes por não terem me valorizado.

Comecei a observar meus pensamentos. Como se fosse um jogo.

Lembrei-me do filme "A Vida é Bela". Independente das circunstâncias, o que define o que você está vivendo não é a situação e sim o que você pensa sobre ela.

Eu estava em um retiro por escolha própria, logo eu era a responsável por estar ali. E podia ir embora, se quisesse. Eu tinha escolhido estar com meus ex-namorados. Eu tinha escolhido os meus trabalhos.

De repente percebi que eu não era vítima, eu era responsável de tudo o que eu estava vivendo.

Senti um incômodo no começo. Vontade de compartilhar o que estava sentindo. E durante o dia parece que os pensamentos foram acalmando.

Como eu gosto de filmes, sempre que posso faço um paralelo com eles. De repente estava em um "Show de Truman". Tinha um diretor lá em cima, que tinha uma ideia, com os personagens, as locações. A vida era um filme, ao vivo, sem direito a ensaios. Só que agora eu era protagonista e podia escolher meus pensamentos, minhas falas (nesse caso, escolher ficar sem falar), minhas ações.

Na hora do almoço, escolhi sentar virada para o outro lado. A minha vista agora eram as árvores. De vez em quando passava um macaco pulando de uma para outra.

Dizem que nossa mente é assim, como um macaco meio louco, que fica saltando de galho em galho, procurando um para se agarrar, no caso um pensamento.

Observei que eu e outras três mulheres sentávamos mais ou menos próximas nas meditações e nas refeições: uma loira de olho claro, uma loira de olho castanho, uma morena com cabelo curtinho e olho claro e eu. Cada uma do seu jeito. Cada uma com sua beleza, com seus pequenos rituais para comer, para arrumar o tapete na hora de meditar.

Cada pessoa é um universo.

No meu diálogo interno comecei a nos chamar de "O Quarteto Fantástico" – eu nunca vi o filme, mas para mim erámos como quatro pessoas com "superpoderes", no caso ser a gente mesma, e que nos apoiaríamos ali, no silêncio, sem dizer nada.

E percebi como é importante ter esta "rede de apoio" na vida. Sabe quando você sabe que pode contar com as pessoas, que elas estarão aí para te ajudar?

Antes de vir para esta viagem, pensei, "preciso enviar para alguém o meu roteiro, o contato do retiro, para se algo acontecer e eu precisar ser comunicada, ou que comunicassem com alguém". Essa rede de apoio pode mudar durante o tempo, com as situações. Neste momento, minha mãe, meu pai, minha amiga Lu e minha amiga Andréa eram minha rede de apoio.

Ali no retiro budista, pelo menos na minha cabeça, era o "Quarteto Fantástico"; do lado de fora, minha mãe, meu pai, minhas amigas Lu e Andréa eram o meu suporte físico e emocional. Se eu cair, eles estarão aí.

E que privilegiada eu sou em ter sempre essa rede de apoio, que varia de acordo com as situações. Uma sensação de que por mais sozinha que eu me sinta, eu nunca estarei sozinha. O universo vai me apoiar de alguma maneira.

À noite, decidi conhecer um lago com água quente, sobre o qual haviam comentado no dia zero. Para chegar lá, tinha de ir com a canga e cobrindo os ombros. Parecia um lugar mágico. Na minha visão, pareciam como ninfas nadando, cada uma com sua canga colorida fazendo um efeito interessante na água.

Entrei devagarzinho e de repente estava lá, me sentindo acolhida na natureza.

A vida é bela.

Dia 4 – Você não é importante

Acordei um pouco angustiada. Sonhei que minhas amigas Sonia e Andréa, que estavam grávidas, tinham ganhado nenê e eu era a única que não sabia.

Uma sensação estranha de pensar que a vida estava seguindo lá fora, mesmo sem a minha presença.

Um pensamento egocêntrico, totalmente.

Quando eu era gerente de *marketing*, eu me achava muito importante. Quando eu pedi demissão trabalhei por três meses ainda; na minha cabeça seria o tempo de eu juntar um pouco de dinheiro, enquanto a empresa procurava alguém para o meu lugar.

Eu saí, ficaram muitos meses sem ninguém no meu lugar, e sabe o que aconteceu? A empresa continuou lançando filmes, tendo lucro, batendo recordes.

E me veio na cabeça a frase do filme "*Birdman* (ou a Inesperada virtude da ignorância)": "Você não é importante. Acostume-se com isso!".

Pensei nos meus pais, se alguma coisa tivesse acontecido com eles, algum problema de saúde. Lá no outro lado do mundo, "eu não era importante". Esse pensamento estava me incomodando e comecei a prestar atenção nele. Eu estava associando importância à dependência. De repente, comecei a ficar mais leve. Que alegria saber que meus pais, meus amigos, meu trabalho, o mundo não depende de mim (olha o nível que chega a minha mente, pensar que eu era responsável por tudo e por todos).

A única coisa que posso ter algum tipo de controle é em relação a meus pensamentos e ações. É minha responsabilidade. Estando bem, posso contribuir para um mundo melhor.

Uma coisa tão simples como prestar atenção a um pensamento e mudá-lo... que impacto gigante na minha vida!

Vale para tudo. Na aula de ioga no retiro, eu não entendia muito bem o sotaque da professora. Ela dizia *"inhale"* (em inglês significa "inalar") e na minha cabeça vinha *"in hell"* (em inglês significa "no inferno").

O inferno e o céu estão em nossas cabeças.

E temos o poder de escolher onde queremos estar.

No retiro, sem ruído exterior, era mais fácil colocar, na prática, o *mindfulness* (atenção plena) que escutávamos nas palestras dos monges. Quando eu estava comendo, eu estava comendo. Quando eu estava lavando o banheiro, eu estava lavando o banheiro (quantas vezes no dia a dia estamos tomando banho enquanto pensamos na reunião, ou falamos com alguém enquanto pensamos na lista de compra?). Ainda assim, a mente às vezes dava umas viajadas, saltando entre o passado e o futuro.

Depois do café da manhã (a sopa de arroz ☺), eu lavava roupa. Eram poucas peças, uma calça, uma camisa, uma calcinha, um sutiã, mas era um momento interessante. Às vezes eu estava simplesmente lavando roupa, colocando a água no balde, esfregando o sabão, torcendo, pendurando no varal. Às vezes vinha alguma música na cabeça. E muitas vezes eu observava o poder que o silêncio tem em trazer tranquilidade para um lugar.

Os quartos estavam em volta e um gramado verdinho no meio, dois tanques de água e alguns baldes nos cantos, que era onde podíamos lavar a roupa. E todas nós ali fazíamos isso num ritmo sereno, sem pressa.

Já comentei que minha primeira impressão foi que o quarto parecia uma prisão. Essa parte verde às vezes me dava a sensação de ser a área para o "banho de sol". E pensando que tudo o que nos aprisiona na verdade está na nossa mente, quem sabe não seria uma boa ideia levar às prisões do país, às escolas, às empresas, às casas, momentos de silêncio, ensinamentos de *mindfulness*. A tranquilidade é contagiante.

As misses em seus discursos geralmente dizem que querem a paz mundial. Se eu fosse miss, em meu discurso diria que o que eu desejo é a paz interior, para cada um.

Dia 5 – Tédio

A mesma rotina, todos os dias. Sim, estava tranquila, não tinha nenhuma pendência, nenhuma urgência, entendi que o mundo estava seguindo sem mim lá fora.

Meu corpo já estava acostumado aos horários, à cama de cimento, ao banho de caneca com a canga, à comida.

De repente veio um tédio. Tudo igual, sem novidades.

Num mundo tão conectado, em qualquer momento em que não estou fazendo nada, logo busco algo externo para preencher meu vazio interior. As redes sociais em primeiro lugar... Deixei de ver televisão, mas sigo conectada na internet, vendo o mundo através da lente dos outros; enquanto eu "não faço nada", vejo o que eles fazem. Descobri que tenho um vício no celular, este retiro é um detox.

O ponto alto do dia era a hora do chá, porque alguns dias, em vez de ser chá era um chocolate quente – naquele contexto parecia o melhor do mundo e eu tinha até vontade de fazer uma dancinha, como o jogador Neymar quando faz o gol, de tanta alegria.

Naquele silêncio todo, fiquei pensando o que aconteceria, durante o almoço por exemplo, se eu levantasse e, como no filme "Olga", e dissesse, do nada: "Preciso que todos saibam, eu estou grávida, grávida de Luis Carlos Prestes, e quero ter o bebê no Brasil". E então me sentasse e continuasse comendo.

Não, eu não estava grávida. Talvez estivesse ficando louca. Acho que o tédio pode ser um terreno fértil para a criatividade, ou para a loucura.

Lembrei-me de um trabalho que fiz na faculdade sobre esse tema. Na época, tive de ler Sartre que diz: "um louco jamais faz senão realizar à sua maneira a condição humana"; visitei um centro psiquiátrico; assisti ao filme "Don Juan de Marco". E, no final, a conclusão foi de que é considerado louco quem não pensa como a maioria. A linha realmente é muito tênue.

Decidi que queria ter uma vida feliz e criativa. Feliz no sentido de me sentir em paz, aceitando a realidade e com o mínimo de sofrimento (se a dor é inevitável e o sofrimento é o opcional – já diziam alguns sábios – quando perceber que estou sofrendo, vou lá verificar o que é e escolher mudar o que depende de mim). E criativa no sentido de viver plenamente como eu penso, buscando coisas que fazem sentido para mim, mesmo que eu não entenda, mudando de pensamento quando o antigo não fizer mais sentido, de roupa, de amigos, de trabalho, de país. Mesmo que me chamem de louca.

Oliver vinha me visitar de vez em quando. Já não tinha medo.

Dia 6 – Silenciando a mente

Outro dia de silêncio. O ritmo das coisas parecia ter outra proporção. Nem lento, nem rápido. Diferente.

Eu estava ali e meu objetivo era fazer o que tinha de ser feito. No caso, simplesmente ser.

E comecei a observar como eu era, no total anonimato, quando ninguém está observando, quando ninguém me conhece, sem me importar com o que pensam de mim.

Percebi que, ao acordar, a primeira coisa que fazia era tomar meu remédio para tireoide (tenho hipotireoidismo) e o anticoncepcional. Ou seja, assim que me levanto, coloco um tanto de hormônio no meu corpo que, se por um lado me ajudam a equilibrar meu corpo físico, por outro podem encobrir como eu sou e estou de verdade.

O anticoncepcional, sobretudo, começou a me incomodar. Para que eu estava tomando? A primeira resposta na minha mente: para não ter uma gravidez indesejada. São mais de quinze anos começando o meu dia com uma decisão que vem do medo, de um receio. Isso pode ter feito sentido um dia para mim, de repente começou a não fazer mais.

Percebi que gosto de ter as coisas organizadas. O quarto tinha uma corda para pendurar as roupas e uns cabides. Organizar as poucas peças, dobrar o lençol, deixar tudo em ordem para começar o dia me fazia sentir bem.

Percebi que gosto de ser prática, resolver as coisas, na maioria das vezes sem ser muita atenta aos detalhes ou à perfeição – "melhor o feito que o perfeito". Brinco dizendo que sou filha do "prático Jorge", meu pai sempre arruma uma solução para as coisas, vai lá e faz, nem sempre muito preocupado com a estética. Uma vez lembro que pedi para ele me ajudar, pois precisava levar um cabo da televisão da sala para o quarto, mas ficaria complicado para fechar a porta. Ele não pensou duas vezes, fez um buraco em cima da porta e passou o cabo. Simples assim.

Em menor medida (eu acho, hehehe), essa praticidade me acompanha. Para passar o dia no retiro, levava uma garrafinha de água, a chave do quarto (que eu colocava no sutiã, obrigada Andréa, pela inspiração) e só. Quando chovia, levava a sombrinha. Quando fazia frio, colocava uma blusa.

E comecei a observar que eu me comparo, que eu julgo. Tinha uma menina que ia com uma bolsa gigante dourada, achei que não combinava muito com o contexto. Essa mesma menina levava chá pro quarto todo dia, e era engraçado ver ela fazer isso, pois tinha um papel bem grande dizendo que não era para levar comida nem bebida pro quarto, tudo deveria ser consumido ali mesmo. Eu a via fazendo isso e a julgava. Tinha um menino que usava uma saia, além de ser inédito para mim um homem com saia, achava que devia ser desconfortável passar o dia inteiro sentado com ela. Tinha gente que ia ao banheiro e não "dava descarga" (no caso ali era jogar várias vezes o balde de água). Tinha gente que ia ao banheiro e não lavava a mão depois. Eu via isso acontecendo e julgava também.

O fato é que quanto mais eu olho para fora, menos eu olho para mim. Sabe aquela história de que quando você aponta um dedo, três estão apontando para você?

O que os meus pensamentos sobre os outros dizem sobre mim? Que eu me preocupo muito com o que os outros vão pensar. Que eu tenho medo de chamar atenção. Que nem sempre eu faço tudo o que eu quero. Que muitas vezes eu faço coisas que eu não quero. Que eu não quero dar trabalho para os outros. Que eu quero que as pessoas pensem que eu sou boa pessoa. Que para aprender a ser eu, autêntica, eu preciso olhar para mim e tenho um caminho gigante a percorrer.

Cada ser é único. Nem melhor, nem pior. Cada pessoa ali tinha seu jeito, seus rituais: para sentar no tapete, para comer, para lavar a roupa... Cada um procurando se conhecer melhor e encontrar algum sentido.

Aos poucos conseguia tranquilizar minha mente. Inspirando, expirando. Esse era o tipo de meditação ensinada ali *"mindfulness with breathing"*, "atenção plena com a respiração".

Às vezes vinham imagens na minha cabeça, algumas conhecidas, como um desenho de um beija-flor que um dia meu afilhado Nayder fez para mim e tinha uns traços de azul e verde. Durante a meditação, essas cores pareciam mais nítidas, brilhavam até, a atenção estava ali, naquele instante, de repente vinha uma sensação gigante de tranquilidade, de paz. E eu não tenho a mínima ideia do tempo que isso durava, podia ser um minuto ou uma hora.

Outras vezes, quando o pensamento ia longe... "o que será que está acontecendo no Brasil ou em Barcelona?", "se eu estivesse casada até hoje será que teria sido mãe?", "onde será que eu estarei daqui a dez anos?", lembrava-me de uma música, que é parte da trilha sonora de um filme que eu adoro, "Antes do Amanhecer", que se chama *"Come here"*, de Kath Bloom.

Era uma forma de fazer minha mente voltar para o aqui e agora.

Come here

There's a wind that blows in from the north.
And it says that loving takes its course.
Come here. Come here.
No I'm not impossible to touch I have never wanted you so much.
Come here. Come here.
Have I never laid down by your side.
Baby, let's forget about this try.
Come here. Come here.
Well I'm in no hurry. you don't have to run away this time.
I know that you're timid.
But it's gonna be all right this time.

(Tradução livre)
Venha aqui

Há um vento que sopra do norte.
E diz que o amor leva seu curso.
Venha aqui. Venha aqui.
Não, eu não sou impossível de tocar. Eu nunca te quis tanto.
Venha aqui. Venha aqui.
Nunca me deitei ao seu lado.
Baby, vamos esquecer essa tentativa.
Venha aqui. Venha aqui.

Bem, não tenho pressa. Você não precisa fugir desta vez.
Eu sei que você é tímido.
Mas vai ficar tudo bem desta vez.

E estava tudo bem. Aliás, no aqui e agora, sempre está tudo bem. Quando a gente silencia a mente, fica fácil reconhecer isso.

Dia 7 – Dia da Família

O retiro começou no dia 1 de setembro. Tomar a pílula anticoncepcional a cada manhã era a minha referência de tempo passando. Na prática, tanto fazia se era sábado ou segunda-feira. Curioso como essa questão do tempo é puramente uma definição.

O tempo se sente, o tempo se percebe, o tempo se vive.

Era 7 de setembro, dia da independência no Brasil, feriado. O que será que meus amigos e minha família estavam fazendo? Minha mãe talvez tivesse ido a Barra de São Miguel, uma praia em Maceió. Meu pai talvez tivesse ido ao sítio que tem perto de onde ele mora. Eu estava ali, do outro lado do mundo.

De alguma forma, podia dizer que não tinha nada para fazer. Nesse caso, "nada" era muita coisa, desde as tarefas de limpar o banheiro, lavar a roupa, limpar as mesas depois do almoço e meditar, que deveria ser a coisa mais fácil do mundo tipo, mas o tal do senta lá e respira, demanda esforço, atenção, dedicação, disciplina. O simples definitivamente não é fácil. Não no princípio.

O sino toca. É outra referência de que o tempo está

passando.

Este dia estava mais friozinho. Não sei se acontece com você, mas eu geralmente fico mais introspectiva em dias assim.

Fui criada para ser independente e forte. Meus pais se separaram quando eu tinha 8 anos, e minha mãe diz que tinha medo de morrer e que meu pai se casasse com uma mulher que não o ajudasse a cuidar bem de mim e de meu irmão. Logo, o melhor seria a gente ser o mais independente possível.

Lembro uma vez em que eu estava com febre — cheguei ao quarto dela, e ela me ensinou a medir a temperatura. Quando estivesse com mais de 37 graus, era para pegar o remédio na terceira gaveta da cozinha e tomar 20 gotas.

Acho que inconscientemente fui entendendo que "para ser boa, para ser amada", o melhor era não dar trabalho. E daí, para não expressar minhas necessidades, foi "um pulo".

Hoje vejo os reflexos disso em meus relacionamentos, quando não peço ajuda, quando finjo ser forte sendo que por dentro estou em migalhas e só quero chorar.

Sou eternamente grata por todos os ensinamentos dos meus pais, que sempre fizeram e fazem o seu melhor. E agora, aprendendo a ser eu, descubro que preciso desaprender um tanto de coisa, como se fosse soltando camadas de mim que fizeram sentido algum dia. Nem sempre ser independente e forte funciona. Às vezes me sinto frágil, perdida, não quero ter medo de demonstrar este meu lado vulnerável, essa camada mais honesta de mim.

Durante muito tempo achei que, para ser feliz, ser autêntica, ser eu de verdade, não era preciso fazer nada.

Só que estou começando a perceber que não é bem assim, é uma decisão que envolve muito desapego. Desapego à pessoa que eu achava que era, desapego à pessoa que eu achava que queria ser. E, nessa caminhada, as relações mudam, alguns amigos se vão, as certezas desaparecem, o silêncio ganha espaço.

E comecei a pensar em família, a pensar que um dia quero construir a minha e quantas vezes neguei isso pra mim mesma...

No retiro, eu senti falta de ser abraçada, de beijar, de ser beijada. Então abracei árvores e, pela primeira vez, eu me beijei – meus braços, minhas mãos.

E, em um momento que parecia sublime na meditação, estava chovendo, eu escutava o barulho e me vinha um sentimento gigante de gratidão, de repente, quando abri os olhos, a menos de dez metros de distância, caminhando lentamente, um bicho que nunca vi na vida, tipo um dinossauro, mas bem menor. Meu coração disparou, foi um susto enorme, literalmente saltei para trás com o coração palpitando, como em um *gif* animado. Minha vontade era gritar. Acho que dei um grito de silêncio, o qual despertou a menina que estava ao meu lado, e ela me acalmou.

Na minha cabeça, para ficar mais tranquila, eu me dizia "calma, este animal que parece um dinossauro é só um lagarto gigante, o avô do Oliver."

Ok, o conhecimento afasta o medo. E, pouco a pouco, ele foi embora.

Aprendendo com a impermanência, essa emoção passou. Eu estava bem. Conectada comigo, com a natureza, com o mundo.

Dia 8 – Comunicando

Os dias passando. A rotina já integrada. O ser humano se adapta a tudo...

Eu até poderia dizer que ficaria mais dias sem falar. Eu, a pessoa mais "falativa" que eu conheço, que faz amizade com o desconhecido do elevador, que tem dificuldade em escrever no *Twitter* porque não sabe falar em menos de 140 caracteres, estava tranquila com o silêncio.

Os códigos de comunicação iam sendo estabelecidos no olhar, no gesto.

Bate na porta Carmen, uma alemã com um nome latino (no dia "zero" nos conhecemos). Ela chegou com uma mochila na mão, mostrando que estava rasgada. Entre os gestos, eu entendi que ela queria algo para fechá-la. Procurei entre minhas coisas e encontrei uma fita. Quando entreguei, Carmen não quis – talvez a fita era pequena, a cor era feia, não sei.

Ela pôs as mãos na frente, querendo dizer "espera". Eu me vi ali brincando de imagem e ação, ela ia me dizer alguma frase e eu teria de adivinhar.

E então ela fez um sinal de "joia" com o polegar. Ok, está tudo bem. E de repente apontou o indicador para mim. Pensei em diversas possibilidades: 1) Está tudo bem; 2) você; 3) está parecendo uma arma; 4) não estou entendendo nada.

Acho que minha cara demonstrou isso, a comunicação não estava fluindo. Então ela me puxou pelo braço e me levou até o seu quarto e me mostrou: 1) esta é a mochila quebrada; 2) ela possuía outra mochila, então não era tão problemático não conseguir consertar.

Nesse momento, como num flash, lembrei de uma cena do filme "Bastardos Inglórios", quando um inglês acaba se entregando que não era alemão, quando pede mais três canecas de cerveja, usando os três dedos do meio da mão e não os três primeiros, como os alemães.

No caso do filme, a cena foi trágica. No retiro, divertida, outra vez desaprendendo. Quando acho que domino a situação, vem o universo e me coloca outra experiência, e o que eu sabia já não serve.

As palestras eram em inglês; eu posso compreender 80%, 90%, dependendo do tema. Há palavras que eu não entendo, e às vezes uma palavra é importante no contexto. No caso do retiro, *"duty"*. Pela pronúncia, eu estava entendendo que era *"dude"*, que significa "cara, homem, pessoa". E não fazia sentido.

Uma e outra vez a palavra se repetia, eu não a entendia, vinha uma ansiedade, eu perdia metade da palestra com raiva de mim porque estava pensando o que poderia significar e já não estava escutando o resto. Quantas vezes a gente se perde na gente mesmo...

Um dia, já impaciente, escrevi na areia *"dude"* e mostrei pra minha colega que estava ao lado. Eu com minha cara de incompreensão, dúvida. E ela gentilmente corrigiu na areia *"duty"*. E as coisas foram clareando na minha mente. Em um segundo, fiz várias associações onde já tinha visto essa palavra, em cursos de inglês, textos... Numa tradução literal, "dever"; indo mais além, algo que você sente que precisa fazer, nasce de você, como um propósito.

Eu estava começando a entender...

Eu que sempre achei que a comunicação era meu ponto forte e pensava "tenho muitas áreas para melhorar na vida, menos essa", de repente me vejo tropeçando várias vezes, especialmente quando não expresso o que eu preciso, quando finjo que entendo e não pergunto, quando digo o que penso e acredito que todo mundo entendeu e o resultado não é bem assim. Tanto caminho a percorrer...

E aprendendo a me calar. No retiro isso foi mais fácil do que imaginava, até porque minha mente fala muito e porque, pouco a pouco, fui ficando mais à vontade com o só escutar, seja a mente, seja o monge falando.

Eu tenho um ego, porém, e às vezes ele quer ter voz, e não só isso, quer ter razão. Lembro-me de um monge comentando que, à medida que fôssemos praticando o desapego, a aceitação ficaria mais fácil, chegando ao ponto de, por exemplo, no caso de a mãe morrer, não sofrer.

Nessa hora eu quis levantar a mão e dizer "olha, seu monge, você me desculpe, mas acho que você não está entendendo que sou pessoa, de carne, sangue e alma e, no caso de minha mãe morrer, eu vou sofrer sim".

E, devagarzinho, meditando sobre o assunto, já que naquele momento minha opinião ninguém queria escutar, eu mesma fui processando e entendendo a mensagem. Como diz o filósofo Gerardo Schmedling: "aquilo que você não é capaz de aceitar é a única causa do seu sofrimento".

Dia 9 – Que eu possa ser feliz!

No retiro, saía som da minha boca três vezes ao dia: no café da manhã e no jantar, repetindo as palavras de que a comida só existia para a minha sobrevivência, e na hora dos cânticos.

Cantávamos em pali e às vezes em inglês. Eu lá, sem muito ritmo, cantando, querendo entender as palavras, até que em algum momento se transformavam em sons, vibrações, sensações. Gostava de estar ali.

Alguns monges se revezavam para coordenar esse momento. Um deles parecia tão jovem, uns 26, 27 anos. Eu ficava imaginando de onde ele era, o que teria feito ele tomar a decisão de ser monge. Ele era bonito, tinha olhos verdes. Tinha um olhar profundo, talvez já tivesse sofrido muito...

Era o último dia de cânticos, começava um clima de despedida. O monge começou a dizer que esperava que essa experiência fosse transformadora, pois algumas experiências são assim.

Ele contou que é um curioso e gosta sempre de aprender. Uma vez acompanhou uma autópsia. E começou a descrever como os médicos cortavam as partes. Pediram para ele ajudar a abrir o crânio e lá estava o cérebro. Ele disse que foi uma das experiências mais impactantes para ele, que se deu conta do fugaz e frágil que é a vida. De repente, um cérebro na sua mão e aquilo não significava nada, a pessoa já não estava lá, nem seus pensamentos, suas dúvidas, suas histórias, seus amores...

O silêncio pareceu ainda maior naquele momento.

Então alguém começa a bater palma. Parecia um grito estridente. Todos olharam para o homem, acredito que numa mistura de julgamento, pois naquele lugar, naquele contexto, bater palmas não parecia fazer sentido. Também lançaram a ele um olhar de compaixão, solidariedade. Talvez eu também tivesse tido vontade de bater palma como forma de registrar o impacto que aquela história tinha me causado.

Novamente o silêncio voltou. E desta vez parecia mais ensurdecedor. O monge ficou observando tudo, com um olhar plácido e, em determinado momento, disse: "apenas seja responsável por seus atos".

Uau! Apenas isso. O ato foi simbólico, mas o aprendizado foi gigante. Apenas seja responsável por seus atos. Quantas vezes me coloco no papel de vítima, culpando e responsabilizando qualquer pessoa ou qualquer coisa pelo que acontece comigo ou por como eu me sinto.

E o caminho para a paz e a felicidade definitivamente não é esse. É tomar as rédeas da minha vida, ser responsável pelo que escolho fazer, escolho pensar e finalmente em como eu quero me sentir. Está tudo aqui dentro.

Um monge mais velho chegou e, encerrando a

última sessão de cântico, pediu que repetíssemos algumas vezes *"may I be happy"*, "que eu possa ser feliz".

Em alto e bom tom: QUE EU POSSA SER FELIZ!

E esse é meu novo mantra de vida.

Dia 10 – Grão de areia

Sabendo que posso ser feliz, acordo no dia 10 do retiro. O último dia. A sensação é estranha como uma saudade do que ainda estou vivendo, uma ansiedade do que está por vir, um medo do desconhecido. Será que esses dias aqui não serviram para nada? Sabe aquela história que, quando você já sabe todas as respostas, vem o universo e muda as perguntas?

No café da manhã, avisaram que este dia seria diferente, não seguiríamos a rotina dos outros nove dias.

Impermanência.

Que ideia mais ingênua a gente achar que sabe como será o dia só porque o planejamos de uma forma! Vem uma chuva, vem um nascimento, vem uma morte, vem o cancelamento de uma reunião. Melhor que reclamar, resistir, é fluir e abrir os braços para a vida como ela se apresenta. Muito tempo depois descobri que isso tem um nome: aceitação. E que passa longe de resignação.

Aceitar envolve compreensão, entendendo que há uma ordem no universo, que existem leis universais. É como soltar um copo da minha mão e saber que ele vai cair. Aceitar envolve respeitar essa ordem, adaptar-se a ela, o que significa aceitar as coisas e as pessoas como são. Se há algo que eu posso mudar é o que penso a respeito.

Fomos a um lugar onde não havíamos estado, era como um sítio ou algo assim, com várias casas onde viviam os monges. Eles nos mostraram um imenso monte de areia. Nossa meta para o dia seria levar toda aquela areia para um local uns cem metros ao lado, forrando todo o espaço.

Como faríamos isso? Carregando a areia em pequenos cestos. Eu olhava para o monte, olhava para onde tinha que levar a areia, olhava para os cestos. Seria um trabalho sem fim. Uma máquina faria aquilo em duas horas talvez.

E a gente? Em quanto tempo? Lao-Tsé tem uma frase que diz: "uma longa caminhada começa com o primeiro passo". Melhor pensar assim, sair da inércia e ir.

Peguei uma cesta e lá fui eu, toda desajeitada, olhando como as pessoas faziam. Em alguns lugares, a areia estava mais dura e era mais difícil; em outros, estava mais fina e até caía do cesto. Aparentemente não tinha um único jeito, nem um melhor jeito. Cada pessoa ia no seu ritmo, à sua maneira.

Depois de ir e voltar umas trinta vezes, eu já estava cansada e entediada. E, de repente, com uma claridade gigante, veio o pensamento: "eu posso ser feliz, eu quero ser feliz e ter uma vida criativa, como seria esse momento dessa maneira?". Pronto, um clique e o mesmo contexto ficou interessante.

Decidi colocar um ritmo. A música seria um rap do qual eu só sabia o refrão:

"I'm gonna pop some tags. Only got 20 dollars in my pocket.

I, I, I'm hunting, looking for a come-up. This is fucking awesome"

("Vou colocar algumas etiquetas. Só tenho 20 dólares no meu bolso. Eu, eu, eu estou caçando, querendo me dar bem. Isso é fantástico.")

Não tinha nada a ver com o meu contexto naquele momento. Agora vejo toda a letra da música... nada a ver! Cantava mentalmente trocando o "20 *dollars*" por "20 *baths*" (moeda tailandesa) e ria sozinha. Ao final, tudo a ver, porque eu posso escolher o ritmo, como quero ver e interpretar as coisas *and this is fucking awesome!*

Lembrei de quando fui a Amsterdã com minha amiga Rebecca. Lá também cantávamos essa música. Outro contexto. Conhecemos um cara e decidimos que os três íamos em uma bicicleta para um bar – se na Índia vão até oito pessoas em uma bicicleta, três seria tranquilo! Só que não. Caímos no chão, literalmente. Eu ri tanto que fiz xixi na roupa, ali no meio da calçada.

Quase um ano depois, na Tailândia, em um retiro de silêncio, carregando areia, essa lembrança me trouxe leveza. Tempos depois descobri que isso tem um nome: ancoragem, uma técnica de PNL (Programação neurolinguística) que nos permite resgatar de experiências passadas qualquer sensação que a gente deseje.

Pense em uma âncora, como uma chave, um botão que você pode ligar a qualquer hora que você desejar ter uma sensação. Uma voz que quando você ouve lhe transmite tranquilidade, uma comida que lhe traz conforto, um perfume que lhe recorde de um amor inocente, uma música que lhe traz leveza. Simples assim. Uma situação que parece um caos sem fim se transforma.

As horas passaram, o trabalho que parecia eterno tinha sido feito. Lembrei da minha mãe dizendo para fazer tudo com amor. O meu grão de areia ali foi fazer minha parte com amor, com leveza.

Eu levaria um século para fazer aquele trabalho sozinha. E por que esse pensamento veio à minha cabeça? Acho que tenho a tendência de pensar que preciso fazer as coisas sozinha e tenho medo de pedir ajuda. Engraçado isso... me dou conta de que as únicas vezes em que estive sozinha (no sentido de sentir-me totalmente só, isolada do mundo) foi quando eu não pedi ajuda, eu não levantei a cabeça e olhei para fora do meu mundo interno.

Talvez eu tivesse medo de que as pessoas me conhecessem realmente e vissem que não sou tão forte, vissem meus defeitos e me amassem menos por isso. Eu me sentiria mais sozinha ainda.

Que ilusão acreditar no que a mente diz! A mente às vezes mente. Observa.

À noite, depois do banho, voltamos ao espaço de meditação. Dez dias se passaram, e o monge nos convidou, para quem quisesse, compartilhar a sua experiência.

Teríamos voz. Que estranho descobrir de onde eram as pessoas que estavam ali, franceses, alemães, brasileiros... que bonito escutar suas histórias! Tinha um cara que estava dando a volta ao mundo de bicicleta. Outro falou que estava acostumado a ficar calado, era casado e tinha três filhas, mas que descobriu que sua mente não se calava nunca e isso foi difícil. E tinha eu, que não sabia me definir, só sabia que não era a mesma que tinha chegado. E era pura gratidão!

Dia 11 – Quem sou eu?

Sensação estranha ao fazer a mochila, me despedir daquele quarto, daquele cômodo que trouxe os maiores incômodos e aprendizados para mim.

Estranho falar com as pessoas com as quais antes só me comunicava pelo olhar. Acho que todo mundo estava na mesma mistura de emoções, entre querer compartilhar tudo o que tinha vivido e voltar para o silêncio.

Comi junto com algumas pessoas que agora eu sabia como se chamavam. Teve gente que emagreceu muito. Teve gente que não foi ao banheiro nos dez dias.

Falamos da sopa de arroz, dos monges, da cama... Eu finalmente perguntei para a Nina, quem eu admirava quando fazia ioga, onde tinha comprado a esteira que ela levava. Começamos a dar uma volta para conhecer o monastério, mas já não queria estar ali. Tinha de pegar um ônibus para Krabi e comecei a perguntar quem também iria para lá.

Sempre que eu comentava com alguém que eu ia fazer o retiro de silêncio, algumas pessoas falavam: "acho que você consegue, porque é disciplinada, mas coitada da primeira pessoa que você encontrar quando sair".

Beatriz sentava na minha frente durante as meditações. Como o Universo é maravilhoso, era de Barcelona e havia vivido muitos anos no Brasil. Coitada da Beatriz! Eu feliz da vida podendo falar em português, querendo compartilhar o que senti. Ela, mais reservada, falava pouco e me escutava com paciência e gentileza.

Paramos em um restaurante, meu desejo era um café com leite com espuma. Pequenos prazeres. Achei graça que ela pediu um arroz com alguma coisa. Eu não queria ver arroz tão cedo na minha vida.

Chegando a Krabi, trocamos contato e nos despedimos.

Eu já tinha acesso à internet. Falei com meus pais, com algumas amigas. Tinha mensagem do Diego. Os bebês das minhas amigas ainda não tinham nascido. O mundo continuava sem mim.

Eu queria um banho quente. Quando me vi no espelho, de corpo e alma, totalmente vulnerável, saiu um sorriso e saíram lágrimas. Quem sou eu?

Antes as minhas etiquetas me ajudavam a me definir, filha, irmã, tia, amiga, madrinha, gerente... naquele momento eu me vi por inteiro, eu era um ser humano, sem roupa, sem filtros. Uma alma vivendo uma experiência na Terra. Olhando-me assim, senti orgulho de mim e me abracei.

No dia seguinte, fui à ilha Koh Lipe, queria um lugar tranquilo para pouco a pouco reaprender a ser eu em contato com o mundo. Foram dois dias em um bangalô de frente para o mar. E a ilha praticamente deserta...

Tudo parecia mais intenso, os sons, as luzes, os

sabores, as emoções, a percepção do tempo.

3

PARA ONDE EU VOU?

3.1 A grande mudança

Na volta a Barcelona, eu tinha um compromisso comigo: ser o mais autêntica possível à minha essência.

O apartamento onde morava era escuro. Eu descobri que eu necessitava de luz, em todos os sentidos. Onde tenha luz, é pra lá que eu vou.

Fui almoçar no apartamento da minha amiga Ale, que preparou um frango típico do seu país, Peru. Estávamos eu, ela e Sonia, gravidíssima. Falamos da vida que chegaria, falamos da minha viagem e da reviravolta na vida da Ale, que se mudaria para Alicante, pois havia recebido uma proposta de trabalho.

O apartamento tinha uma varandinha e era muito iluminado. "Eu viveria aqui, se baixassem o valor do aluguel", eu disse. Ale perguntou: "e por que baixariam?". "Porque eu sou legal", foi a resposta. Liguei para a corretora e fiz a proposta.

É impressionante, estando mais desperta, como todo o tempo o universo nos dá o que necessitamos (nem sempre o que queremos).

À noite, Sonia começou a passar mal, achou que era

o frango. Mas era o Ayan, que chegou na madrugada. Ayan, um nome indiano com vários significados, entre eles "o caminho que o sol faz para chegar até o Brama, um deus indiano".

E aqui estou, no meu caminho.

No fim de semana, como parte do curso que havia feito, tivemos um exercício para desenhar como nos víamos nos próximos anos. Eu me vi escrevendo livros, viajando, dando palestras, em um mundo com sorrisos, sol e lua, luz e sombras.

Quinze dias depois estava vivendo no antigo apartamento da Ale. A corretora me perguntou que móveis eu tinha. Uma lavadora de roupas, uma mesa de escritório, um colchão inflável.

Em dez dias, a casa estava mobiliada. Cada dia o universo, através de pessoas-anjos em minha vida, presenteava-me e apresentava-se com generosidade e abundância.

Um amigo do máster, que nem era tão próximo, ofereceu-se para ajudar na mudança, um coração gigante. Entrando no corredor do prédio, apertei um interruptor achando que era a luz, mas a era a campainha da vizinha. Luci, brasileira que vive há mais de 20 anos em Barcelona, atendeu e se ofereceu para ajudar no que precisasse.

No quarto do Ayan, tinha uma cama que, dando lugar a um berço, veio morar na minha casa. Vizinhos iam embora do prédio, e a corretora cada dia aparecia com um sofá, uma mesa, um armário e até uma geladeira. Assim como um passe de mágica, eu tinha um novo lar, com luz e amor.

E quando a gente pensa que não pode ser melhor, descubro que a Beatriz, que conheci na Tailândia, mora aqui do lado, três minutos caminhando.

O universo é maravilhoso!

Cinco dias depois, nasceu Murilo, filho da minha amiga Andréa. Um novo ciclo começava.

Era outubro de 2015. Já na casa nova, por dentro e por fora, eu sentia uma dupla sensação: alegria e um medo do desconhecido. Havia decidido continuar morando em Barcelona. Não tinha a mínima ideia de como faria para estar aqui, mas uma confiança gigante gritava dentro de mim que aqui era o meu lugar.

Fiquei com medo mesmo. Fiz contato com uma empresa pequena que oferecia qualidade de vida e bem-estar para médias e grandes empresas. Precisavam de alguém na área de Marketing, achei que assim podia misturar os meus conhecimentos do passado com o que eu queria para o meu futuro. Combinamos que começaria em janeiro.

Encontrei algumas vezes com Diego, ele vivendo em Madri, eu em Barcelona. Não era para ser.

Nesse meio tempo comecei um projeto de *Coaching* com um colega do Máster. Tudo ia bem até que um dia ele se declarou para mim. Fiquei em choque. Ele tinha namorada, nunca teve nenhum clima entre nós.

Falei que essa informação tinha dois grandes problemas, um: o fato de ele ter namorada; dois: em duas semanas eu iria para ficar 40 dias no Brasil. Eu me senti querida, amada, escolhida. Naquele momento não entendi que estava repetindo um padrão de quase dez anos atrás, quando eu achava que eu não podia escolher. Ele terminou o relacionamento, ficamos juntos dois dias e me fui de viagem.

Dias de família, matando saudade dos meus pais, amigos, pessoas que são e sempre serão parte da minha história, da minha vida. E é o que mais sinto falta aqui, das pessoas. A tecnologia ajuda. *Whatsapp*, e-mail, redes sociais. Já não me sentia apenas brasileira, eu me sentia cidadã do mundo, podendo escolher viver em qualquer parte.

Às vezes não somos conscientes dessa nossa liberdade.

Na volta, meu "relacionamento" durou quatro dias. O colega do Máster, que virou "namorado", disse que não queria estar aqui, que se sentia mal porque precisava chorar lágrimas não choradas, desde a morte do seu pai há dois anos, desde o fim do seu antigo relacionamento.

Quando ele saiu de casa e não olhou para trás, senti um nó no peito. Foi como se meu coração estivesse se fechando. Lembranças de outros relacionamentos terminados, outras vezes em que me senti abandonada.

Mas o universo tinha lições para me ensinar. Ele é muito sábio e didático. Se não aprendemos a lição, repetimos, em outros cenários, com outros personagens e vamos nos tornando mais fortes, mais conscientes.

Como se supera o medo de voar? Voando.

Como se supera o medo de falar em público? Falando.

Como se supera o medo do abandono? Sendo abandonado.

Mergulhei no trabalho novo, e estava revivendo desde o primeiro momento aquelas sensações de quando trabalhava no meu último emprego no Brasil. Por mais que gostasse do que estava fazendo, meu corpo dizia claramente que não queria estar ali. Sensação de desconforto, dor de estômago como já não sentia há anos.

Em paralelo, minha menstruação, que estava super-regular depois do retiro, deixou de vir depois que parei de tomar pílula. Pensei que poderia estar grávida. Pela primeira vez na vida, fiz um teste de gravidez de farmácia: negativo.

Procurei uma ginecologista. Na consulta, ela fez um ultrassom e, com a maior naturalidade do mundo, falou: "seus ovários não funcionam mais, você tem menopausa precoce". O mundo parou por alguns segundos.

Como assim menopausa precoce? Eu tinha acabado de fazer 36 anos, eu ainda não tinha filhos...

Fiz alguns exames. O diagnóstico não é tão simples, para se chegar à conclusão final tem de passar pelo menos um ano sem menstruar. Na minha ignorância, porém, os números que via nos resultados não deixavam dúvida.

Eu queria abraço, eu queria aconchego, eu queria a minha mãe. Liguei para ela do meio da rua, chorando. Como tinha acabado de começar no trabalho, não teria férias tão cedo. Pedi para ela vir me ver uns dias, que fosse um fim de semana.

Ela estava começando um relacionamento, estava em um outro momento de vida. Também acho que não queria aceitar a minha realidade: viver longe e ainda por cima não poder dar um neto/uma neta da minha parte. Enfim, coisas que tento racionalizar para amenizar o que ela me falou naquele dia: "não vou deixar a minha felicidade pela sua tristeza, você que decidiu ir morar longe". E meu mundo parou outra vez.

Eu precisava de ajuda. Precisa de ouvidos.

E pela primeira vez, procurei uma terapeuta. Foi uma única sessão com hipnose. Cheguei lá achando que meu problema era minha mãe, que eu tinha que aceitá-la. Só que não era essa a questão, nunca foi. Eu precisava mudar o foco, ser a mudança que eu queria ver, eu precisava me aceitar, com tudo o que isso significava, com todas as minhas luzes e sombras.

Amigos que moram em Barcelona, Ale (que morava em Alicante e vinha uma vez por mês), amigos que moram no Brasil, meu pai foram minha rede de apoio.

Descobri que tinha uma relação de codependência emocional com minha mãe. Por muito tempo, acreditei que só estaria feliz se ela estivesse e tentava me assegurar disso, ligando duas vezes por dia. Na minha cabeça era uma forma de demonstrar amor, cuidado.

A menopausa precoce foi um ponto de inflexão. Lembro que perguntei a ela, que me conhecia tanto e seria a melhor pessoa para responder: "em que eu mais mudei nesses anos vivendo em Barcelona?". A resposta: "você está mais independente emocionalmente".

Eu estava me transformando e a nossa relação também.

Essa independência me assustava. Eu não sabia se seria amada da mesma forma. Ser independente emocionalmente significava me escutar e fazer o que era importante para mim, independente de ela aprovar ou não.

Na prática, significou falar menos vezes ao telefone; compartilhar o dia a dia, mas não dividir alguns sonhos e planos.

Eu estava conhecendo uma nova versão minha, talvez mais segura, talvez mais solitária.

Que esquisito é não se reconhecer. Os medos afloram. E o que passa quando isso acontece? O ego fala mais alto.

O ego, aquele que só está preocupado com a sobrevivência e não com a felicidade.

Em paralelo ao meu trabalho como *coach*, comecei num trabalho que, apesar de pensar que estava alinhado com meus valores, era uma startup que trabalhava com qualidade de vida, e a minha vida estava sem qualidade. O que me movia era o dinheiro que eu ganhava. Era pouco, mas meu pensamento de escassez – o ego gritando – falava que era o único trabalho possível naquele momento. O cargo era chique – *Chief Marketing Officer* – e me permitia ter acesso a pessoas importantes: investidores, empresários.

Ego, ego, ego...

Quando entrei na empresa, fiz uma palestra em inglês para 250 pessoas no *Mobile World Congress*, o evento mais importante de tecnologia móvel do mundo. Achava o máximo dizer que palestrei num evento onde o Mark Zuckerberg, o dono do *Facebook*, palestrou.

Três dias antes de pedir demissão, palestrei em outro evento, *IoT Solutions World Congress*, o evento mais importante de *IoT – Internet of Things*, também importante, o maior do mundo no setor, também em inglês, desta vez para menos pessoas, umas 100... Desta vez eu estava me sentindo menos.

Engraçado que o importante não é o que sucede fora e sim o que acontece dentro da gente e como a gente reage a isso.

Eu estava superansiosa neste dia. Não porque não dominasse o assunto, não porque talvez não tivesse as palavras em inglês. Eu estava com medo das perguntas que podiam me fazer. Eu estava falando de qualidade de vida e estava vivendo uma vida sem qualidade. Eu estava sendo incoerente e um dos meus principais valores é a integridade. Eu estava me sentindo uma farsa.

O nervosismo me deu um tanto de gás, não no sentido de motivação. Gases mesmo, pum... Sensação horrível para subir num palco, de vestido e sapato alto, mostrando segurança. Enviei para minha mãe uma foto do evento, em que eu parecia estar com barriga de grávida. Não era um bebê, era a minha essência querendo falar alto.

E falou. Depois de passar o fim de semana pensando, refletindo, sentindo, pedi demissão. Fiquei ainda três semanas fechando alguns projetos e saltei para o desconhecido novamente.

Era fim do ano. No Réveillon fui com uns amigos para uma casa no sul da França – para quem é do Brasil parece muito chique, mas para quem mora em Barcelona é como ir passar o Réveillon num sítio a menos de 200km de casa. Eu me sentia muito perdida.

Ansiedade era a palavra que vinha e, tal como li um dia, ansiedade é excesso de futuro. No aqui e agora tudo está bem.

O ano de 2017 começou como uma página em branco. A liberdade também assusta. Não tinha compromisso com nada nem ninguém. Tanto fazia se quisesse dormir o dia inteiro, ou me mudar para a Índia, ou ver uma maratona de vídeos do Porta dos Fundos, ou passar horas no *Facebook* ou *Instagram* vendo a vida dos outros... era literalmente um mundo de possibilidades.

Virei para o espelho do banheiro, fiquei me olhando por alguns minutos e me perguntando o que eu tinha que fazer, esperando uma resposta do além. E ela veio. Como uma voz bem nítida ao meu ouvido, não sei explicar, era uma voz feminina, parecida com a minha (será que era meu inconsciente, minha intuição, Deus, Deusa no caso?), ela me disse: "você não tem que fazer, só ser."

E essa voz me trouxe calma. E pouco a pouco as

respostas começaram a vir, de um lugar tranquilo.

Eu queria redirecionar minha vida profissional. Atualizei currículo, *LinkedIn*. Esse trabalho nos faz retroceder no tempo e ver com perspectiva nossos caminhos.

Queria uma página web, fui procurar contatos, comecei a produzir o conteúdo, seguia com meus vídeos no *Youtube*.

Precisava de dinheiro para me manter. Com a conversão do Real para o Euro, o que eu ganhava dos aluguéis do Brasil não pagava nem meu aluguel. Diminuí custos, ofereci sessões de *coach*, dei alguns cursos, pedi ajuda ao meu pai, aluguei meu quarto e fui dormir na sala algumas vezes.

"Caminha que o universo coloca o chão". É bem verdade isso.

Eu não tinha que fazer, só ser. Sou um ser humano e não um fazer humano. É interessante quando a gente permite que o silêncio fale mais alto. As respostas vêm.

Dizem que, quando a gente reza, a gente fala com Deus. E quando a gente medita, Deus fala com a gente. Se Deus existe, deve ser essa conexão, escutar nossa verdade.

E a minha verdade me dizia que eu queria estar perto de pessoas que me inspirassem, seja vendo, lendo, conversando.

Uma amiga uma vez me falou que o fato de eu não ver televisão, não escutar rádio, me faz ficar num mundo paralelo, numa bolha. Pode ser. Mas o que meus dez dias de silêncio me ensinaram, entre outras tantas coisas, é que eu não preciso de tanta informação, tanto ruído. Os meus cinco sentidos absorvem tudo, de uma maneira ou outra. Eu posso escolher o que eu quero que entre em meu mundo.

Já há algum tempo eu assistia aos vídeos de Borja Vilaseca, uma referência em desenvolvimento pessoal aqui na Espanha. Tive a oportunidade de traduzir a página web de "La Akademia", seu projeto social de educação emocional gratuita, para jovens de 18 a 22 anos.

O diretor de La Akademia no Brasil é uma pessoa incrível e meu amigo, Ruben. Um dia falei a ele que queria conhecer o Borja e me aproximar do trabalho dele. Ele sugeriu: "Borja tem vários livros, por que você não traduz um para português?" E assim foi: "Prazer em me conhecer".

O universo colocando o chão, o professor aparecendo quando o aluno está preparado. O livro fala sobre o eneagrama, uma ferramenta de autoconhecimento que ajuda a transcender nosso ego e reconectar com nossa essência. Isso foi fundamental no meu processo de autoconhecimento, eu me descobrindo neste mundo, aprendendo que para aprender preciso desaprender muita coisa.

Acordava às 6h da manhã para traduzir e, em cada página, eu ia descobrindo mais sobre mim, o que tem por trás das minhas ações, ou por que, quando estou desconectada da minha essência, tenho os meus rompantes, como dizia minha avó.

O universo fala com a gente o tempo todo. Comecei a ler o livro "Grande Magia", de Elizabeth Gilbert. Vida criativa sem medo. Outra vez a "Liz" sendo luz em minha vida. E voltei a escrever este livro, que estava dormindo em uma pasta no meu computador, mas louco para acordar dentro de mim.

Tudo parecia fluir com mais leveza. Ou com menos resistência da minha parte.

Procurei informação para um curso; a organizadora

e viajante como eu, Sandra, virou minha amiga. Eu não fiz o curso, mas a amizade continuou.

Começamos um projeto para organizar retiros e uma viagem para Santiago de Compostela. O retiro não saiu; a viagem em grupo, também não. Mas eu queria ir e a princípio não tinha dinheiro.

Abro parêntese:

No intuito de me aproximar de pessoas que me inspiram, havia comprado um ingresso para assistir ao show do Ludovico Einaudi, um pianista que eu adoro, em Berlim. Comprei a passagem com bastante antecedência, para ser mais barato.

No dia da viagem, o voo atrasou oito horas. Cheguei a tempo de ver o show no dia seguinte. Um espetáculo que recomendo que todos vejam pelo menos uma vez na vida.

A companhia aérea me pagou 400 euros pelo atraso do voo. Pronto, já tinha o dinheiro para o caminho de Santiago de Compostela. O roteirista da vida é mais criativo que eu.

Fecho parêntese.

3.2 Sombra e medo

Era julho de 2017, minha cabeça estava perdida em vários assuntos.

Ia passar um fim de semana em Paris com um francês que estava ficando há um tempo. Faria o Caminho de Santiago, era uma viagem esperada e queria aproveitá-la da melhor maneira. E iria ao Brasil em agosto, ficar todo o mês lá; queria me reaproximar da minha mãe.

Pede que o universo te ajuda! Entre conversas com amigas, decidi fazer uma terapia *"express"*. Precisava me centrar. Como viajaria por um mês para o Brasil, tinha ainda um mês intensivo de viagens para dentro e para fora de mim antes de partir. Claudia foi um anjo neste momento.

Fazer terapia é algo que o coloca diante de suas maiores vulnerabilidades – se você se permite e é honesto com você mesmo.

Eu estava fingindo que minha ida para Paris não era importante. Era uma proteção, estava mais envolvida do que queria e dizia que eu e o francês não tínhamos uma relação. Claudia foi bem direta neste caso: "você não tem um namoro: o que define uma relação é o tempo, e vocês já se veem há dez meses. É uma relação, com qualquer nome que você queira dar."

O fim de semana em Paris foi estranho. Minha cabeça e meu coração entravam em discordância todo o tempo. Eu estava feliz por estar ali e ao mesmo tempo estava sem lugar. Era o primeiro dia no apartamento para o qual ele tinha acabado de se mudar. Fomos comprar geladeira juntos. Conheci a mãe dele, a qual nunca tinha ouvido falar de mim e foi bem direta ao dizer: "se você quer uma relação séria, não sei se meu filho é a pessoa certa". À noite fomos a uma festa, conheci seus amigos. Visto de fora, eu estava vivendo um sonho, em Paris, ao lado de alguém que eu gostava, tendo a Torre Eiffel iluminada de testemunha, fazendo sexo gostoso, ajudando na mudança, conhecendo família e amigos. Por dentro, sentia que tudo isso só era especial para mim, e a reciprocidade não morava lá.

Como dizia Frida Kahlo: "onde não puderes amar, não te demores".

Na semana seguinte, eu faria o Caminho de Santiago. No *Youtube* eu gravava vídeos e compartilhava a minha proposta para esse período, e que vale como proposta para a vida: viver mais desperta, observando como o Universo fala comigo todo o tempo, seja por meio de uma música, de uma conversa, observando meus pensamentos e como me sinto.

A mochila para o Caminho estava leve. Isso era um bom sinal. Se o peso que a gente carrega é o peso dos nossos medos, eu já estava confiando mais na vida.

A primeira cidade foi Tuí. Acordei cedinho, ainda estava escuro. Quem me conhece sabe que não sei me orientar geograficamente, posso ir dez vezes ao mesmo lugar e não saber voltar. Demorei anos para entender a expressão "lado mar" e "lado montanha" aqui em Barcelona.

Estávamos eu e minha mochila na recepção do albergue, e pergunto ao recepcionista: "por onde começa o caminho?". E ele sabiamente me responde: "o caminho já começou".

Logo aparece Ricardo, como um passe de mágica, um português que estava fazendo o caminho já há muitos quilômetros sozinho. Esteve em alguns albergues onde não tinha ninguém, nem uma alma viva. Para ele não se entediar na viagem, criou um personagem imaginário, o Hilário, que o acompanharia.

E de repente a vida se encarrega de colocar uma hilária em sua frente. O caminho já tinha começado, eu não tive mais medo de me perder, tinha um guia ao meu lado, que enxergava as vieiras indicando a direção, e eu só ia, andando, confiando, rindo, contando histórias.

Poucos momentos de silêncio, poucos momentos sozinha. Se o mundo é um reflexo do que passa dentro de nós, dentro de mim havia muito barulho e momentos de paz quando eu pedia e me permitia.

140km, nenhuma bolha no pé e a certeza de que o Universo nos dá sempre o que precisamos.

Com essa experiência nos pés, claridade mental na cabeça e conexão com o coração, fui rumo ao Brasil.

Primeira parada, Rio de Janeiro. Tinha combinado com a Cona, amiga chilena que conheci em Barcelona, de passar alguns dias em Búzios. Eu cheguei e minha mala não. Acho que já era o universo me avisando que minhas férias não seriam da maneira que eu tinha planejado.

Dias de descanso, na volta passamos uma noite na casa do meu irmão Igor, que é filho do meu pai e mora no Rio. Conexão e risadas.

No outro dia, ônibus para Belo Horizonte, ônibus para Betim, o olhar reconhecendo tantos lugares que já foram "meus" e hoje são paisagem.

Nas últimas conversas com minha mãe, eu dizia que ficaria dez dias em Betim, depois iria para São Paulo, para Vitória, na volta em setembro faria um curso com a Elizabeth Gilbert em Londres. Eu tinha minha vida toda planejada, e ela achava pouco o tempo que teríamos juntas. E eu sempre argumentando que tinha a minha vida, meus amigos, meu trabalho.

Eu tinha um medo grande de ela de repente deixar de falar comigo. Ela já deixou de falar com muitas pessoas por muito tempo, algumas para sempre, sem remorso algum. Na terapia trabalhei esse tema e entendi que, para que nossa relação estivesse em paz, esta teria de ser a minha decisão: estar em paz acima de tudo, a partir do amor, e não do medo.

Com esse pensamento, pisei em casa.

Depois de um ano e meio, coração ansioso, eu só queria um abraço da minha mãe. Cheguei em casa literalmente com os braços abertos. Mamãe tinha caído da rede uns meses antes e estava com uma tipoia no braço. Quando fui abraçá-la, ela disse "cuidado para não me magoar". Mamãe é nordestina, de Alagoas, e lá eles falam "magoar" no sentido de machucar. Mas eu entendi que tinha uma mamãe magoada ali, no sentido de alma, essa mistura de sentimentos que varia entre rancor, raiva, tristeza, geralmente fruto de decepção.

Em nossas conversas, era recorrente a fala de que ela tinha de se acostumar com a saudade, da avó dela que morreu quando ela tinha 19 anos, do meu irmão e dos meus sobrinhos que ela já não via e não falava há anos e agora de mim, que decidi morar na Espanha.

Ela sentia que algo não estava bem e estava fazendo um check-up. Uma das razões de eu ter escolhido esta data para estar em Betim, inclusive, seria para acompanhá-la numa cirurgia de catarata e, antes, nos exames pré-cirúrgicos.

Eu estava com ela na recepção de um consultório médico e queria convencê-la a entender o mundo da maneira como eu entendo.

Se fosse uma sessão de psicanálise, este momento se chamaria "revelação". Ela virou para mim e disse: "filha, entenda, eu não quero te entender."

E eu sorri e disse: "que lindo isso, vamos registrar este instante, compreender para ser compreendido, assim o amor flui, sem querer mudar o outro". Eu te entendo, mamãe. Ela disse: "essa minha filha está louca." E rimos muito.

Dia 13 de agosto de 2017. Aniversário da minha prima-amiga-irmã-amada Janaína e também dia dos pais. Fui a Congonhas passar o dia com meu pai e celebrar o aniversário.

De volta a Betim, minha mãe não estava em casa. Ligo para ela, está no hospital. A glicose subiu, ela ligou para minha tia Rosângela (Danda) e foram para lá.

Mamãe começava a suar muito. Eu estava muito assustada demais.

Ela estava muito irritada. O plano de saúde era enfermaria e, sempre que precisava, ao ser internada pagava a diferença para ficar no quarto. Só que, nesse caso, não tinha vaga em quarto. Ela queria privacidade e ar-condicionado. Eu queria entender o que ela tinha, eu queria minha mãe bem.

Dia 17 de agosto. Outro atentado terrorista, lembrando de 2015, mas desta vez em Barcelona. Um homem dirigindo uma van atropela e mata várias pessoas na Rambla, um dos locais mais movimentados da cidade que escolhi para viver. Pessoas me mandavam mensagens querendo saber onde eu estava, se estava bem. Eu não estava. Eu estava viva, mas a sensação de desespero de não saber o que estava acontecendo ficava cada vez maior.

Num daqueles momentos de cumplicidade, compartilho com a minha mãe a "Oração do *Ho´oponopono*", uma prece de perdão, em que você pede a Deus ou a uma força superior que limpe e purifique todas as suas dores, físicas e emocionais, mágoas e problemas.

Divino Criador, Pai, Mãe, filho - todos em um.

Se eu, minha família, os meus parentes e antepassados ofendemos Sua família, parentes e antepassados em pensamentos, fatos ou ações, desde o início de nossa criação até o presente, nós pedimos o Seu perdão. Deixe que isto se limpe, purifique, libere e corte todas as memórias, bloqueios, energias e vibrações negativas. Transmute essas energias indesejáveis em pura LUZ. E assim é.

Para limpar o meu subconsciente de toda a carga emocional armazenada nele, digo uma e outra vez durante o meu dia as palavras-chave do Ho'oponopono.

EU SINTO MUITO, ME PERDOE, EU TE AMO, SOU GRATO.

Declaro-me em paz com todas as pessoas da Terra e com quem tenho   dívidas pendentes. Por esse instante e em seu tempo, por tudo o que não me agrada de minha vida presente.

EU SINTO MUITO, ME PERDOE, EU TE AMO, SOU GRATO.

Eu libero todos aqueles de quem eu acredito estar recebendo danos e maus tratos, porque simplesmente me devolvem o que eu fiz a eles antes, em alguma vida passada.

EU SINTO MUITO, ME PERDOE, EU TE AMO, SOU GRATO.

Ainda que me seja difícil perdoar alguém, sou eu quem pede perdão a esse alguém agora, por este instante, em todo o tempo, por tudo o que não me agrada em minha vida presente.

EU SINTO MUITO, ME PERDOE, EU TE AMO, SOU GRATO.

Por este espaço sagrado que habito dia a dia e com o qual não me sinto confortável.

EU SINTO MUITO, ME PERDOE, EU TE AMO, SOU GRATO.

Pelas difíceis relações das quais guardo somente lembranças ruins.

EU SINTO MUITO, ME PERDOE, EU TE AMO, SOU GRATO.

Por tudo o que não me agrada na minha vida presente, na minha vida passada, no meu trabalho e o que está ao meu redor, Divindade, limpa em mim o que está contribuindo com minha escassez.

EU SINTO MUITO, ME PERDOE, EU TE AMO, SOU GRATO.

Se meu corpo físico experimenta ansiedade, preocupação, culpa, medo, tristeza, dor, pronuncio e penso: Minhas memórias, eu te amo! Estou agradecido pela oportunidade de libertar vocês e a mim.

EU SINTO MUITO, ME PERDOE, EU TE AMO, SOU GRATO.

Neste momento, afirmo que TE AMO. Penso na minha saúde emocional e na de todos os meus seres amados... TE AMO.

Para minhas necessidades e para aprender a esperar sem

ansiedade, sem medo, reconheço as minhas memórias aqui neste momento.

SINTO MUITO, TE AMO.

Minha contribuição para a cura da Terra: Amada Mãe Terra, que é quem Eu Sou...

Se eu, a minha família, os meus parentes e antepassados te maltratamos com pensamentos, palavras, fatos e ações desde o início de nossa criação até o presente, eu peço o Teu perdão, deixa que isso se limpe e purifique, libere e corte todas as memórias, bloqueios, energias e vibrações negativas, transmute estas energias indesejáveis em pura LUZ e assim é.

Para concluir, digo que esta oração é minha porta, minha contribuição, à tua saúde emocional, que é a mesma minha, então, esteja bem. E na medida em que você vai se curando eu te digo que...

Eu sinto muito pelas memórias de dor que compartilho com você.

Te peço perdão por unir meu caminho ao seu para a cura.

Te agradeço por estar aqui para mim...

E TE AMO por ser quem você é.

Na metade da oração, ela falou que não podia continuar, porque ela não perdoava. Pedi para ela escrever num papel o que era que ela não perdoava. Uma maneira dessa dor sair um pouco dela. Às vezes a gente só precisa colocar para fora.

Dois dias depois ela teve alta. O diagnóstico era mononucleose. Ela estava com os gânglios do pescoço inchados e muito cansada. Pelo que os médicos falaram, podia levar meses assim.

Eu tenho um apartamento em São Paulo que estava alugado para uma amiga. Nesse mesmo dia, ela falou que sairia do apartamento, que é uma renda importante para mim. Eu sentia como se tivesse uma nuvem cinza, pesada, na minha cabeça. Tudo isso me estava paralisando. Só sabia que tinha que estar onde estava naquele momento.

Uma amiga da mamãe, Dra. Patrícia, amiga e anja, sentiu que ela estava muito fraca e marcou uma consulta com um oncologista. Na terça fomos visitá-lo e, de lá, ela já foi internada no Hospital Felício Rocho.

Dias e dias de exames. Uma angústia que não desejo para ninguém. Não saber o que está acontecendo, não poder tomar um remédio para não mascarar o que quer que seja.

Um dia ela suou tanto, que dei banho nela seis vezes numa mesma noite. A barriga estava tão inchada que a camisola não fechava.

Ela, como excelente médica, sabia mais do que os médicos o que estava se passando. Quando os enfermeiros vinham tirar o sangue, ela perguntava que exame estavam pedindo e já sabia quais eram as suspeitas.

"A barriga não estava inchada, o fígado é que não está funcionando bem", ela dizia.

Eu sentia que a situação só piorava e estava me sentindo sozinha. Meu pai estava de férias na casa do meu irmão no Canadá e começou a ver passagem para vir me ajudar.

No dia da biópsia, me lembro de ligar chorando, do corredor, para o meu irmão, pedindo para ele falar com ela. Tudo parecia muito pesado para mim.

Eu estava lendo o livro "O sem senso-comum" (*El sinsentido común*), de Borja Vilaseca. Em um dos capítulos, fala-se que não existem problemas, existem processos. Isso me ajudou a tomar um pouco de perspectiva em relação ao que eu estava vivendo. Era um processo, não era um problema.

E como eu queria viver aquele processo? Da maneira mais presente, lúcida, consciente, sem me "vitimizar", com amor, estando bem para estar bem com ela.

Eu tenho uma teoria, que chamo de "teoria do avião". Sabe quando você está no avião, e a aeromoça explica que, em caso de despressurização, máscaras cairão e, se tiver alguém ao seu lado que precise de ajuda, você precisa colocar a máscara primeiro em você? É isso. Você precisa estar bem para poder ajudar.

Naquele contexto, eu não estava bem em nenhum sentido. Precisava me centrar, que aquela seria a minha realidade por um período. Quem já acompanhou alguém em um hospital sabe do que eu estou falando. Quem já dormiu em hospital sabe do que estou falando. Quem já dormiu acompanhando a mãe em hospital sabe do que estou falando.

Suas necessidades não são prioridade e, se você não priorizar isso, logo serão duas pessoas doentes. Comecei a acordar às 5h da manhã, já que a primeira enfermeira entrava às 5h30. Eu tinha meia hora para mim, para fazer exercício de ioga, para ir ao banheiro com calma, para tomar um banho quentinho e lento.

E, quando você se cuida, o universo retribui.

Meu pai e minha mãe já estavam separados há muitos anos, mas haviam se tornado melhores amigos nos últimos anos. Ele adiantou seu voo e veio me ajudar. E amigas e amigos da minha mãe também vinham. E amigas e amigos meus também, de perto e de longe. Amigas da Giovanni, agência que trabalhei quase uma década atrás, enviaram flores ao hospital; minha amiga Leili e seu marido Rodrigo passavam lá para pegar minha roupa para lavar. Amigos e desconhecidos doavam sangue, e abraços, e ouvidos, e ombros, e tempo... o tecido da vida. Eu não estava sozinha. Gratidão!

Minha passagem para voltar a Barcelona estava marcada para o dia 31 de agosto. Eu tinha de entrar na Espanha antes do dia 23 de setembro por uma questão de visto; eu estava em Barcelona há quase três anos e, se não entrasse nesse período, perdia o direito de solicitar o "arraigo social", que é uma autorização de residência.

Todo dia falava com o médico, Dr. Amândio: "preciso ir, preciso dar entrada no país, resolver minhas coisas de trabalho, pagar aluguel. O que a minha mãe tem? O que eu faço?"

Neste período, que eu chamo de "descobrindo a doença", a resposta dele era sempre a mesma: "vai, mas volta".

No dia 29, eu me despedi, com uma angústia e ao mesmo tempo uma certeza: "vou, mas volto".

Peguei um ônibus para São Paulo, passei o dia resolvendo burocracias com relação ao meu apartamento; tomei café com Fernanda, uma amiga querida e que foi minha professora de ioga; encontrei com a Waldirene, que trabalhou muitos anos lá em casa, e sua filha Larissa. Abraços e acalento. Dormi na casa da Andréa, ela, Halph e Murilo me acolheram, igual a três anos antes, quando eles eram dois e meu visto atrasou para sair.

No dia seguinte, tinha marcado com a Mel, outra amiga querida (o que seria da vida sem os amigos?), para almoçar. Ela iria comigo ao aeroporto. No táxi, a caminho do restaurante, ligo para o Dr. Amândio, e desta vez a resposta dele foi diferente: "não vai, fica".

Algumas vezes na vida parece que a Terra para de girar. Essa foi uma delas. Cheguei ao restaurante mais perdida que tudo. Quando contextualizo para a Mel o meu momento, chega um vídeo que meu pai enviou, mamãe com batom vermelho, otimista, dizendo: "Ingrid, eu estou bem, não se preocupe, estou indo pra UTI, não por causa da piora do quadro, mas por precaução. Eu já iniciei o tratamento e lá será melhor, tá? Um beijo."

Razão e emoção. Eu fico. Já são quase 14h, já não dá pra cancelar o voo. Perco a passagem. Compro passagem de ônibus de volta a Belo Horizonte. Angústia, sem saber o que está acontecendo.

No outro dia de manhã, entro pela primeira vez em uma UTI. Mamãe estava com os olhos fechados, a enfermeira disse que ela ainda não tinha aberto os olhos, mas que estava acordada. O que isso queria dizer? Acho que ela não queria ver onde estava.

Comecei a falar alto do lado dela: "mamãe, mamãe, abre os olhos, eu estou aqui". E ela abriu e começou a chorar, falando o quão horrível tinha sido aquela noite. Ela teve uma reação alérgica quando estava recebendo transfusão de sangue, quase morreu.

Agora estava viva. Eu estava ao seu lado. Era isso que importava. No aqui e agora, tudo está bem, sempre está.

E as pessoas em forma de anjo sempre à minha volta. Meu primo Breno oferecendo sua casa para eu dormir; a amiga Jocelina, que fez faculdade com a minha mãe e veio estar perto dela.

Cinco dias de angústia, ainda sem resultado da biópsia, podendo entrar só duas vezes por dia na UTI.

Lembro da minha madrinha Stela me olhando nos olhos e perguntando: "como você está?". Eu não sabia verbalizar.

De volta ao quarto no hospital, entra a Dra. Hilda com o resultado. Minha mãe, meu pai, eu e as palavras: linfoma não Hodgkin de células grandes B. Câncer. Quimioterapia. Tem tratamento, oito sessões, começaremos o mais rápido possível.

Nos entreolhamos, ninguém pareceu surpreendido. Agora eu sabia como eu estava: triste, impotente. Sabia que dois amigos da minha mãe tinham tido o mesmo diagnóstico e estavam bem. E era aí que eu queria me apegar.

Minha mãe queria se apegar no controle da situação, de alguma maneira. Lembro que um dia estava passando a novela Carinha de Anjo, eu falei que se um dia ela morresse, era para ser igual na novela, era pra ela aparecer para mim nos meus sonhos.

Falei que um grupo de pessoas fariam uma oração para ela naquele momento, para ela me dar a mão, para a gente se conectar e que ela podia pedir qualquer coisa. Sabe o que ela pediu? O controle da televisão, ela queria voltar a ver a novela.

No dia da primeira quimioterapia, ela, que nunca foi muito espiritualizada, pediu para sairmos do quarto. Meu pai e eu ficamos na porta, ela estava falando com Bezerra de Menezes, um médico envolvido com a doutrina espírita, e ela pedindo para ele não abandoná-la.

Os dias passando e ela se recuperando. O cabelo caindo e as mãos de anjo da Lourdinha, cabelereira e amiga de toda a vida, dando o toque de leveza e encanto para este momento.

Comprei passagem de volta a Barcelona, mas desta

vez não a avisei para quando. O nosso inconsciente é muito poderoso. Acho que não foi coincidência que ela piorou justamente no dia que eu fui embora.

Desta vez falei que iria acordar um dia e falaria, "eu vou, mas eu volto". E foi assim, algumas amigas – jamais terei palavras suficientes para agradecer a cada uma – já estavam se revezando no hospital. Na manhã do dia 20, eu fui, nós nos despedimos sem drama, ela com um olhar um pouco de se não sabia que eu estava falando sério.

Dias depois, ela foi pra casa da tia Danda, a melhor tia do mundo. Nos falávamos diariamente.

Um dia qualquer, ela envia uma foto dela com meu irmão fazendo uma pose e escreve: "estamos fazendo ioga". Assim, oito anos depois de uma ruptura, os dois juntos. Eu não via minha mãe tão feliz em tanto tempo.

Eu me senti traída por não saber desse encontro. Eu que durante tanto tempo tentei que ele acontecesse. Numa sessão de terapia disse: "deixo esse meu papel de salvadora", no que Claudia responde sem sutileza: "deixa não, te demitiram deste papel". E isso foi libertador.

A certeza de que as coisas acontecem no tempo que têm que acontecer... Não adiantar forçar, nada. Ninguém tem de ser salvador de ninguém, nem vítima, nem algoz de nenhuma relação.

Temos de ser responsáveis por nossas vidas.

E assim fui. Lancei o livro "Prazer em me Conhecer", entrei no *Tinder* e comecei a namorar, comecei o trâmite da renovação do meu visto.

Mamãe fez 69 anos, teve uma festa surpresa organizada pela sua secretária, estava cercada de amigos, amores e família, em casa.

Nesse dia, me contou que minha prima Sandra

estava grávida, contou-me em segredo, nossa cumplicidade tinha voltado. Sabe aqueles olhares que dispensam palavras?

Na semana seguinte, ela piorou; na outra, voltou ao hospital.

Eu aqui procurando advogada do governo para saber uma brecha que me permitisse sair do país antes de o novo visto ser aprovado. Fingi estar renovando como estudante, enquanto o processo para o "arraigo social" seguia; enviei um envelope sem documentos para conseguir um carimbo que me permitisse ter um papel que me desse autorização para voltar a entrar na Espanha. E consegui.

Liguei chorando para a companhia aérea pedindo que adiantassem em dez dias meu voo, e eles não cobraram praticamente nada por isso, quando expliquei a situação.

Fiz a mala sentindo um buraco no peito. Eu não sabia nada. Que roupa eu ponho? Quanto tempo eu vou ficar? Eu vou continuar namorando? E o meu trabalho? E se ela morrer?

Carregando todos os meus medos, entrei no avião e fui.

3.3 Luz e amor

Fui direto para o hospital. Eu queria um abraço, e ela me mandou lavar as mãos que deviam estar sujas da viagem.

Mamãe não estava reagindo à quimioterapia e precisava se recuperar para estar bem a fim de tentar uma nova sessão, mais forte.

Como meu pai gosta de falar, o câncer é como um bichinho mau, e a quimioterapia são os soldadinhos que vêm para defender. Só que eles nem sempre sabem quais são os bichinhos bons e maus do nosso corpo e saem atacando tudo.

Em tempos difíceis, bom humor salva o dia. E saber que nosso tempo aqui é limitado também. Palavras da minha mãe:

– Filha, peça para o seu irmão vir, eu fiquei oito anos sem falar com ele e não terei oito anos mais.

E ele foi.

Abro parêntese:

Temos um apartamento mobiliado em Belo Horizonte, que fica a dez minutos do hospital. Uns dez dias antes, o inquilino falou que ia embora. Naquele momento, parecia uma notícia ruim.

Fabienne Fredrickson, escritora, *coach* e empresária, tem uma frase que eu gosto muito: "o Universo está, neste momento, se reorganizando para o meu melhor". Essa frase é como um mantra quando estou em situações de estresse.

A casa da minha mãe é em Betim, a 30km da capital; meu pai mora em Congonhas, a 80 km; eu, em Barcelona, a 8.301km; meu irmão, no Canadá, a 7.934km. De repente estávamos todos juntos e com um apartamento como ponto de apoio, a dez minutos do hospital.

Milagres acontecem todos os dias.

Fecho parêntese.

Meu pai, eu e meu irmão combinamos de nos revezar em turnos de oito horas, assim conseguíamos descansar um pouco.

E os anjos em forma de gente nos acompanhando, desde enfermeiros, médicos, amigos, família, conhecidos e desconhecidos que iam vivendo com a gente nesses dias, noites e madrugadas em que a vida parecia ir se reduzindo a um quarto de hospital.

Às vezes eu me esvaía olhando a vida no *Instagram* e via a Elizabeth Gilbert, que parece que já viveu várias vidas em uma, acompanhando a sua namorada sofrendo com um câncer. E via as pessoas de férias fazendo poses, via bebês nascendo, pratos bonitos de comida.

Eu ia, e voltava para o aqui e agora.

Era quinta-feira à noite, mamãe estava fazendo transfusão de plaquetas. De repente começou a tremer, parecia que estava com frio. Ela me pediu o edredom, então me xingou porque dei o meu que estava sujo, pediu o dela e começou a tremer muito, parecendo uma convulsão.

Era quase meia-noite, saí pelo corredor chamando desesperadamente um médico. Mamãe estava tendo uma reação alérgica. Entram a médica, enfermeiras, e dizem que ela precisa tomar morfina, que até então ela não tinha tomado. Tiveram que pegar "escondido" de um doente no apartamento vizinho.

O coração acelera. O dela, o meu. Ela começa a vomitar. Num estado de hiperconsciência, ela corrige a médica e diz a quantidade de morfina que ela precisa tomar, considerando os batimentos cardíacos.

Eu estou ali, impotente, e quero que ela saiba que eu estou ali. Fico do lado do seu rosto e repito: "eu tô aqui, mamãe, eu tô aqui, mamãe". E ela fala: "chama o seu irmão, você não vai dar conta disso sozinha".

Em dez minutos ele estava ali.

A médica falou que o batimento cardíaco precisava baixar e a gente precisava monitorar. Estávamos exaustos.

Perguntei se podia colocar uma música, os dois concordaram. Lembrei de uns mantras do grupo *Awaken Love Band*, em que as músicas têm 432Hz, a frequência da batida do coração.

Meu irmão e eu nos revezámos para estar acordados. E ali, despertos, choramos.

Passaram-se uns dias. Véspera de Natal, e o otimismo batia na porta. Compramos panetone para dar aos funcionários, estávamos renovando a esperança. A Vera, que cuidou da gente e morou e trabalhou conosco por quatorze anos, estava no hospital. Tudo parecia um pouco melhor, mas não era assim. Falaram que mamãe teria que ir para a UTI.

Eu teria que assinar uns papéis para dar entrada dela

lá e tinha que autorizar, entre outras coisas, que a entubassem caso fosse preciso. A vida toda ela falou que nunca queria ser entubada. Olhei nos olhos dela e perguntei: "mamãe, o que você quer que eu faça?". E a resposta: "faça tudo o que for possível".

Dias depois ela foi entubada, mas voltou à consciência.

Se minha vida fosse um livro naquele momento se chamaria "À Espera de um milagre".

Na UTI, ela disse que não queria aquilo que ela estava vivendo e que sabia como terminar logo com isso. Alerta vermelho. Os médicos entenderam o recado e viram que ela não podia ficar sozinha nenhum segundo. Então nos revezamos na UTI.

Uma noite, acordada ao seu lado, chorei em silêncio para não acordá-la ou aos vizinhos. Chorei muito, pedindo luz para aquele momento. Ela acordou e ficou toda feliz porque eu estava ali. Perguntou-me: "sua cara tá inchada, o que aconteceu?". Eu respondi: "eu vou ficar com saudade". E ela: "não se preocupe, eu ainda vou te dar muito trabalho". Esbocei um sorriso e saí pra chorar.

A equipe de tratamento paliativo já estava nos preparando. Você sabe o que isso significa? Na prática? Entre pensar que sua mãe vai morrer e lidar com tudo o que isso implica emocionalmente? Tem todo um mundo paralelo de decisões e ações tomadas nos bastidores quando você não está escondendo o choro ou esboçando um sorriso no hospital, ou olhando e tocando intensamente, porque, entre você ir ao banheiro e voltar, ela já pode não estar ali.

Entre as experiências mais estranhas em todo esse processo, sugeriram ir orçar um caixão. Já que a morte era iminente, alguns nos aconselharam tomar decisões burocráticas com antecedência. E lá fui eu fazer o que tinha de ser feito. Passei duas vezes diante da funerária, mas não entrei. Na terceira, o diálogo foi mais ou menos assim:

Eu: Oi, eu quero fazer um orçamento.

O moço: A pessoa já faleceu ou está viva?

Eu: É a minha mãe. Está viva.

O moço: Me acompanhe por favor.

No que ele abre uma porta e tem um tanto de caixão, uns com time de futebol, de todos os tamanhos.

O moço: Você precisa decidir o padrão que você quer, tipo de ornamentação, se vai querer embalsamar o corpo.

Eu: Moço, você me desculpa, mas eu não estou preparada para isso não. Volto outro dia.

No outro dia, voltei com meu irmão, e era uma moça que estava na recepção. Escolhemos o caixão e ela falou:

Moça: Agora sobre a roupa, vocês podem usar umas que nós temos aqui ou escolher. É importante vocês já deixarem antes porque, no dia que ela morrer, você não têm que se preocupar com isso, vai que ela morre de madrugada, por exemplo, e vocês têm que ir buscar a roupa, trazer aqui...E é importante que seja uma roupa que a represente como ela é viva. E se ela tem peito grande, é bom pôr sutiã. Eu por exemplo, tenho peito grande, e quando deito, meu peito se espalha. Imagina que horror eu morta, as pessoas lá me olhando e eu ainda de peito espalhado. Quero estar bonita.

O meu irmão olhou pra mim e falou: "essa tarefa é sua".

A morte já estava rondando, mas a mamãe não queria receber sua visita. Um dia ela me falou que, quando ela saísse, era pra gente comemorar no Restaurante Porcão, da Av. Raja Gabaglia, e também fazendo um cruzeiro.

Abro parêntese:

Acho que ela estava lembrando do cruzeiro que fizemos para Fernando de Noronha. Foi maravilhoso. Aliás, das melhores lembranças que tenho juntas, muitas são em viagens, Punta del Leste, Argentina, Chile, Curitiba, Tiradentes, Rio de Janeiro, João Pessoa, Indaiatuba...

Viaje com seus pais. Dos momentos mais maravilhosos que tenho com os meus, vários deles foram em viagens.

Fecho parêntese.

Estudando sobre o sofrimento humano, há o modelo de Kubler-Ross, no qual há cinco fases: negação, raiva, negociação, depressão e aceitação. Nem todos passam por todos os estágios, e eles também não são lineares.

Eu pensando no sutiã que a mamãe usaria no caixão, se seria conjunto com a calcinha. Ela pensando no cruzeiro que faríamos. Não tenho ideia sobre em que estágio estávamos, mas definitivamente nenhuma das duas estava bem.

No dia seguinte, minha tia Danda, que era a única pessoa que mamãe queria ver além de nós três, estava com ela na UTI e me liga:

-"Dindinha (sou madrinha do seu filho), vem, a Dra. Passou aqui e falou para vocês virem com urgência."

Com o coração na mão, chegamos lá. Já não tinha medicamentos, já não tinha o que justificasse ela estar na UTI.

Perguntaram para ela como ela queria que fosse

todo o processo e ela respondeu: "eu não quero sofrer".

Ela virou para mim e disse: "eu vi quando fizeram a biópsia no meu pulmão, e o que saiu não era água".

A respiração já estava fraca. O linfoma estava tomando todo o corpo.

Mas ela queria viver. Quando as enfermeiras vieram tirar o material por onde ela recebia o medicamento ela me perguntou: "filha, mas, se eles tirarem, como vou tomar remédio? Eu quero falar com um médico. Chama o médico." Eu chamei e ele falou: "não está programada nenhuma medicação mais no momento".

E ela olhou para mim, nosso último olhar de cumplicidade, e lhe aplicaram o sedativo.

Apartamento 108. A enfermeira falou que ela provavelmente morreria aquela noite. Meu pai começou a chorar, acho que a ficha caiu naquele momento.

Minha passagem estava marcada para o domingo. Era sexta-feira e eu disse "preciso mudar a passagem". Negação? Frieza? Inteligência emocional? Praticidade?

Eu não queria estar vivendo nada daquilo. E ao mesmo tempo queria estar 100% presente.

A enfermeira falou pra gente falar dessas coisas longe dela. Quando alguém está morrendo, a audição é o último sentido que se perde.

Ficamos meu pai, meu irmão e eu por toda a noite, talvez a noite mais longa da minha vida, ali, esperando a mamãe morrer.

E ela não morreu. Ela queria viver. De repente, quando ela parecia estar no sono mais profundo, subia o braço. Ela sabia que levantar os braços oxigenava o cérebro.

É triste, é frustrante, é muita impotência.

Literalmente esperando a morte chegar. Chega a ser ridículo.

No outro dia a gente se entreolhou. Como ela não morreu, nós voltamos a fazer os turnos. A gente precisava dormir, comer, seguir vivendo.

Meu pai ficou durante a noite e, quando cheguei pela manhã, era um pranto como eu nunca vi. Ele estava inconsolável. Sugeri de ele ir para Congonhas, tomar banho, descansar, estar com a sua esposa, que foi maravilhosa em todo esse processo.

À tardinha, enquanto meu irmão estava no hospital, fui a um bar em frente, encontrar com amigas queridas. Uma delas esteve presente nos últimos momentos do seu pai e comentou que, quando a pessoa está morrendo, cai um líquido da boca.

Fiquei com essa imagem na cabeça e voltei. Meu irmão falou: "vou ali e já volto". Achei que era na enfermaria, mas não. Quando dei por mim, ele já tinha voltado para nosso apartamento.

Erámos só nós duas. Já não tinha conversa pendente. Eu sentada ao seu lado, coloquei o vídeo dos meus sobrinhos tocando *"Let it be"* no violão. Ela ficou tão feliz a primeira vez que viu esse vídeo, e tinha tanto tempo que não via os netos.

Começou a sair um líquido da boca. Chamei os enfermeiros, que me ajudaram a virar mamãe de lado.

Eu queria escutar a voz dela, então escutei alguns áudios que ela tinha me enviado. E, passando a mão na sua cabeça, repetia: "sinto muito, me perdoe, te amo, sou grata".

Então me sento no sofá, olho a hora, 3h10 da madrugada, e ela dá o último suspiro. Serena, linda!

"Vivi como quis, morri feliz". A frase que ela sempre falou que queria que estivesse no seu "santinho".

No velório, parecia um filme infinito, pessoas de todas as fases da minha vida estavam ali, de todas as formas. Desde uma mensagem, uma oração. A amiga que pegou um avião para estar ali; o ex-namorado que depois de treze anos sem ver se fez presente; as amigas da escola; o amigo da pós-graduação; o amigo do trabalho que deu a mão; a amiga que trouxe bolo; as amigas de infância; as primas que mandaram flores; os amigos do cinema que mostraram que existe plástico dourado, mas que amizade verdadeira é ouro; os pacientes da minha mãe; seus amigos que em tantos natais, almoços de domingo, viagens, foram nossa família; minha família de sangue; meus amores; todos os meus eus, do passado e do presente, estavam ali.

Senti tanto amor. E ela espalhou tanto amor.

O vestido que separei era o que ela escolheu para seu último aniversário, em que se sentia viva e bonita, estava de batom e perfume. Uma tentativa de manter um pouco mais na Terra a essência dela.

Se o mundo é um espelho, a morte da minha mãe levava uma parte minha que nunca mais seria refletida. Ao mesmo tempo em que nascia uma nova versão, um eu totalmente desconhecido.

Mamãe morreu na segunda-feira. Na quinta estávamos meu irmão e eu em seu apartamento separando o que íamos doar, manter... Era noite, eu no corredor voltando da cozinha e, de repente, a minha caixinha de música começa a tocar, sozinha, no meu quarto.

Viro para o meu irmão que está na sala e pergunto: "que brincadeira sem graça é essa?" Ele, com o celular na mão, me olha com cara de quem não está entendendo. Eu: "você está escutando a música?" Ele:

"estou."

Começo a chorar, e vamos os dois até o meu quarto. A caixa de música está fechada e tocando música. Vamos dormir no quarto dela, de mãos dadas.

À noite, eu sonho, ela está em sua cama e abre os olhos. Igual no vídeo que meu pai me enviou quando ela foi para a UTI a primeira vez, com batom vermelho... ela: "Ingrid, onde eu estou?" Eu: "você está em casa, mamãe, no seu quarto." Ela começa a chorar e diz: "se eu vim para casa, foi pra morrer em casa."

E eu me desperto.

Dias depois fizemos nossa última viagem juntas.

Era seu desejo que suas cinzas fossem jogadas no mar da Pajuçara, em Maceió. E assim foi, como ela mesma dizia, fechando um ciclo, família, amigos e amigas de várias gerações estavam lá para se despedir.

No entardecer mais lindo e na certeza que toda vez que eu olhar para o mar, ela estará lá.

Como diz a médica e escritora Ana Claudia Arantes, a morte é uma ponte para uma vida com sentido.

Sei que estou viva. Sei que tenho sonhos. Sei que acredito no amor. E ele está aqui e agora, na ausência da busca.

Entrei no avião de volta a Barcelona, sem saber o que me esperava do lado de lá, mas estava disposta a aprender a cada dia, a ser eu e a amar.

AGRADECIMENTOS

Escrevi este livro durante quatro anos. Essas últimas páginas aqui num hotel em Roses, na Costa Brava, onde o mar era minha paisagem diária e a chuva me ajudava a limpar minha alma.

Agradeço de coração a todas as pessoas que me acompanharam, que cuidaram de mim e me amaram. Vocês sabem quem são e sou muito sortuda por tê-los em minha vida.

Obrigada, Universo!

Espero ver você, por aqui e pelo mundo!!!

Ingrid Vieira
21/09/2019